Müritz

Land Fleesensee

Landschafts- und Reiseführer

Jo Lüdemann

grünes herz

SCR
270

Waren (Müritz) – Blick vom Hafen auf die Stadt

„Das Paradies liegt bi Groten-Baebelin, Serrahn un Krokow, so rechts middwärts in Meckelnborg", bestimmte der niederdeutsche Nationaldichter **Fritz Reuter** im ausgehenden 19. Jahrhundert die geografische Lage der seligmachenden Gegend. Die Mecklenburger dankten es ihm und meißelten diese verheißungsvollen Worte in einen Findling - nachzulesen ist dieses Zitat in Reuters „Urgeschicht von Meckelnborg". Hielt man diesen Ausspruch lange Zeit nur für die Übertreibung eines Lokalpatrioten, hat es sich doch zumindest in den letzten Jahrzehnten herumgesprochen, dass die Gegend vom **Land Fleesensee** ↗ und der **Müritz** ↗ zu den landschaftlich schönsten Deutschlands zählt. Dass darüber hinaus auch die Historie dieses Landstrichs überaus spannend ist, die Kultur - egal ob das Theater, die Bildende Kunst, die Literatur oder das Brauchtum sind abwechslungsreich wie hoch interessant und die sich gerade in den vergangenen zwei Jahrzehnten sehr erfreulich entwickelnde Tourismusbranche - die unterschiedlichste individuelle Ansprüche befriedigen kann - wird schon länger deutschlandweit zur Kenntnis genommen. Dieser Reiseführer möchte den Besuchern dieser Region eine Hilfe und eine Unterstützung sein, die allgemein bekannten, aber auch die versteckten und mitunter erst auf den zweiten Blick zu entdeckenden Schönheiten des Landes Fleesensee und der Müritz genießen zu können.

Meine Geschichten und Beschreibungen sind so erzählt, dass der Spaß am Lesen vor oder während einer Reise in die Region nie verloren geht. Außerdem bin ich davon ausgegangen, dass die so typischen und oft in Reiseführern anzutreffenden Erklärungen von Stadtrundgängen auf Grund der Stadtgrößen überflüssig sind - zumal sie den Leser entmündigen. Schließlich macht es doch viel mehr Spaß, sich seinen eigenen Weg zu suchen. Die Texte sind immer mit entsprechenden Märchen oder Sagen angereichert worden. Warum? Meiner Meinung nach sollte jeder, der diese Landschaft kennenlernen will, auch um ihre Geschichte wissen - und wie kann man die besser kennenlernen, als durch ihre Geschichten. Die Wurzeln dieser Gegend, ihre lebendige Geschichte - mitunter tragisch, manchmal glücklich, immer voller Leben - werden durch die Sagen lebendig.

Es ist trotz der erstaunlichen und sehr nachhaltigen touristischen Entwicklung eine angenehm spröde Gegend geblieben und die Bewohner sind mitunter nicht einfach zu nehmen - dieses Buch soll über den Standard-Reiseführer hinausgehen und helfen, ein Verständnis zu wecken - denn wert ist es allemal: Hoffentlich unterhaltsam, nie dröge und mit der Freude am eigenen Entdecken.

Hol di fuchtig - lieber Leser
Jo Lüdemann

Zur geologischen Entwicklung

Dass die Müritzer durchaus etwas mit den Hinterlassenschaften der Eiszeit anfangen können, beweisen die Bauwerke, die teilweise aus Feldstein errichtet wurden.

• Die **geologische Entstehung** ihrer Heimat hat auch schon die Alten an der **Müritz ↗** beschäftigt – schließlich musste man doch eine Erklärung dafür haben, wie dieser große See entstanden ist. Und so existiert auch zur Entstehung der **Müritz** eine Erzählung:

„An der Stelle, wo jetzt der eine große See ist, lagen im grauen Altertum sieben kleinere Seen, die nicht miteinander verbunden waren. Diese Seen waren rings mit Holz umgeben, in welchem viele hohe, alte, den Göttern geheiligte, Bäume standen. Da kamen Holzhauer aus einem fernen Land und begannen, die Bäume zu fällen. Sie zogen mit ihren Äxten nach dem Hinnenfelde, wo die stärksten Bäume standen, und schlugen dieselben nach Herzenslust nieder. Als sie aber nun eines Tages begonnen hatten, den größten und mächtigsten aller Bäume zu fällen, da tut sich in dem kleinen See, welcher der Rederang heißt, plötzlich eine Quelle auf, die sich fortwährend vergrößert und mit Brausen und Ungestüm nach allen Seiten hin ihr Wasser entsendet. Erschreckt fliehen die Holzhauer, ihre Arbeit verlassend, auf den Berg Hinnenfelde, und mit Entsetzen sehen sie, wie das aus der Quelle strömende Wasser

ringsum die Bäume niederreißt und mit sich führt.
Und immer mehr Wasser entströmt der Quelle, bis sich endlich alle sieben Seen vereinigt haben und die Müritz bilden. Daher kommt es denn, dass diese noch heute sieben Tiefen, die ehemaligen Seen, und dazwischen große flache Stellen, das frühere Land, zeigten. Am Rederang aber, von wo die Quelle ausging, stehen noch heute unter dem Wasser die Stämme der abgebrochenen Bäume und beglaubigen das „Ereignis" – so jedenfalls ist die Sage in einer Müritz-Monographie aus dem Jahre 1864 nachzulesen.

• Die **Entstehung dieser Landschaft** spielte sich in dem ungeheuren Zeitraum von 800.000 bis 20.000 v. u. Z. ab – also im jüngsten Eiszeitalter. Wie der gesamte Bereich der mecklenburgischen Großseenlandschaft ist auch die hiesige Landschaftsgestaltung im Eiszeitalter (Pleistozän), der späteren Weichselkaltzeit und im Holozän entstanden. Die gesamte Großseenlandschaft zeigt dabei das typische Muster der glazialen Serie: Grundmoräne – Endmoräne – Sander – Urstromtal. Natürlich gibt es hier noch wesentlich weitergehende Unterscheidungen. Die Wissenschaftler gehen davon aus, dass sich das Eis in unserem Gebiet vor etwa 10.000 Jahren endgültig zurückzuziehen begann. Ein Vorgang, der dann wohl auch wieder mehrere tausend Jahre andauerte. Auf dem Weg ins „Exil" hinterließ uns das Eis gigantische Geröllmassen, die sich in einer Decke von bis zu 70 Metern

Röbel – der Segelhafen und Bootshäuser

Der Wünnow-See bei Röbel

ablagerten. Heute können wir diese Hinterlassenschaften gut erkennen: Es sind die, das Bild dieser Gegend so wohltuend bestimmenden, sanften Hügelketten.

• Ebenfalls sehr markant sind die vielen kleinen **Seen und Tümpel**. Hier handelt es sich um sogenannte Rinnenseen, Grundmoränenseen, Beckenseen, Sölle und Zungenbeckenseen. Weniger angenehm – gerade für Wassersportfreunde – sind andere Hinterlassenschaften aus dieser Zeit: Die gefährlichen Untiefen und steinigen Uferpartien der Müritz ↗. Gerade bei Niedrigwasser können diese „Ränder“ der vier eiszeitlichen Abflussrinnen bis nahe unter die Wasseroberfläche aufragen und dann natürlich entsprechende Hindernisse bilden. Man sollte also die auf den Karten eingetragenen Wassertiefen wirklich ernst nehmen.

• Apropos **Wasserstand:** Dieser schwankte in den vergangenen Jahrhunderten in Folge des menschlichen Eingriffs sehr stark. Mit dem Bau von Wassermühlen und dem damit verbundenen Errichten von Staumauern und dem Verlegen von Bachläufen soll der Müritzwasserstand zwischen dem 14. und 18. Jahrhundert um über zwei Meter gestiegen sein. Eine Entwicklung, die sich nach verschiedenen Regulierungen wie dem Bau von Kanälen und Wasserstraßen wieder umkehrte, so dass an einigen Stellen wieder Maße erreicht wurden, wie sie für die Zeit vor dem frühen Mittelalter kennzeichnend waren. Der heutige Wasserstand von 62 Metern ü. NHN ist also nicht das Ergebnis geologischer Vorgänge, sondern wurde von Menschenhand geschaffen: Im Ergebnis von Bauarbeiten an der Elde-Müritz-Wasserstraße in den Jahren 1798 bis 1803 und in den Jahren 1831 bis 1837 verlor die Müritz fast 13 Prozent ihrer vormaligen Fläche; ein Vorgang, der natürlich auch die angrenzenden, bzw. direkt mit der Müritz verbundenen Gewässer betraf.

- Fast **sechs Prozent** der Mecklenburger Landschaft liegen unter Wasser. Es soll ca. 2.000 Seen in gesamt Mecklenburg-Vorpommern geben. Die Müritz ist mit ihren 116,8 Quadratkilometern (größte Tiefe 31 Meter) das größte Binnengewässer des Landes. Hinzu kommen noch der **Plauer See** ↗ mit seinen 38,7 Quadratkilometern (größte Tiefe 24 Meter), der **Kummerower See** ↗ mit 33 Quadratkilometern (26 Meter tief) und der **Kölpinsee** ↗, der eine Fläche von 21 Quadratkilometern bedeckt – bei einer größten Tiefe von 28 Metern. Westlich der Müritz, bei Darze, entspringt der längste Fluss des Landes Mecklenburg-Vorpommerns: Die **Elde** ist 220 Kilometer lang und über 180 Kilometer schiffbar. Seit langem ist für die Gegend der vier großen Seen: Müritz, Kölpinsee, Fleesensee und Plauer See der Begriff **„Mecklenburger Oberseen"** gebräuchlich. Alle diese Seen sind durch den Recken, den Malchower See und den Petersdorfer See miteinander verbunden.

Am Ufer der Müritz

Über Flora und Fauna

Die Trollblume steht unter Naturschutz und zeigt sich nur noch an ganz wenigen Stellen.

Bis zu der Zeit, als der Mensch mit dem Ackerbau begann (Jungsteinzeit von 3.000 bis 1.800 v.u.Z.), war die gesamte Gegend von einer geschlossenen Walddecke überzogen, die aus Birken, Kiefern, Buchen und Eichen bestand. Nachdem mit der Umgestaltung des Lebensraumes einmal begonnen war, ging es – im wahrsten Wortsinne – Schlag auf Schlag weiter: Es wurden mit umfangreichen Rodungen landwirtschaftliche Ackerflächen und andere Nutzflächen geschaffen.

- Heute gibt es nur noch kleine Gebiete, deren **Vegetation** ihren ursprünglichen Charakter bewahren konnten: Der Perlgras-Buchenwald nördlich von Waren oder der typische Traubeneichen-Buchenwald am Damerower Werder sind Beispiele für Vegetationsverläufe, die ihren geologischen Ursprüngen entsprechen. Statt den natürlichen Bedingungen zu folgen, trifft der Spaziergänger heute hauptsächlich auf Kiefernbestände.
- Die **Laubwälder** sind mit den üblichen Arten wie Stieleiche, Bergulme, Winterlinde, Esche, Schwarzerle bestockt. An Sträuchern sind Gewöhnliche Hasel, Europäisches Pfaffenhütchen, der Faulbaum und der Blutrote Hartriegel weit verbreitet.

Buschwindröschen sind in lichten Laubwäldern weit verbreitet.

• Zu den typischen **Waldbodenpflanzen** gehören u. a. Buschwindröschen, Maiglöckchen, Wald-Goldstern, Echte Sternmiere, Goldnessel oder Vielblütiger Weißwurz. Selbstverständlich kann an dieser Stelle nicht die gesamte Fauna der Region dargestellt werden – nach einer Untersuchung aus dem Jahre 1994 gibt es hier mehr als 1.000 Gefäßpflanzen. Anders als in vielen Landstrichen Deutschlands, in denen durch eine immer stärker betriebene Industrialisierung besonders Art und Umfang der Tierwelt beeinflusst wurden, kam es in unserem Gebiet kaum zu Beeinträchtigungen. Ein Umstand, der zum Teil an der schwachen Besiedlungsstruktur, aber auch an der jahrzehntelangen Sondernutzung riesiger Landstriche durch Staatsjagden oder militärische Sperrgebiete (Flugplätze etc.) begründet war.

• **Säugetiere**

Auf diese Weise haben sich hier viele Arten und eine hohe Bestandsdichte von Rot-, Reh- und Schwarzwild sowie von Großvögeln wie Störche, Kraniche, Wildgänse und sogar (Fisch-)Adler erhalten. Es wurden alleine am Ostufer der Müritz acht Fledermausarten, 221 Vogelarten, sieben Kriechtier- und 12 Lurcharten sowie 44 Libellen-, fast 900 Schmetterlings-, 1.498 Käfer- und 400

Liebt feuchte Böden: Die Sumpfschwertlilie

Spinnenarten gezählt. Mit besonderem Stolz konnte auf 556 Arten von Kurzflügelkäfern verwiesen werden. Marderartige Raubtiere wie Baum- und Steinmarder, Iltis, Hermelin und Mauswiesel sind noch relativ häufig anzutreffen, allerdings müssen sie inzwischen ihr Gebiet mit Nerz oder Mink, Waschbär, Marderhund und Wolf teilen.

• **Vögel**

Charaktervögel, also Vögel, die für eine bestimmte Region typisch sind, sind hier vor allem Röhrichtbewohner wie Teichrohrsänger, Schilfrohrsänger, Rohrammer und Feldschwirl. Ein recht einsames Leben im Wald müssen dagegen Bartmeisen und Blaukehlchen fristen. Besonders an Waldrändern sind dann Mäusebussard, Roter Milan, Neuntöter, Wendehals und Goldammer zu finden. Unter den Singvögeln sind u.a. Zaunkönig, Rotkehlchen, Buchfink, Gimpel, Singdrossel und Amsel zu hören. Einiges Glück braucht man allerdings, um die seltenen Eisvögel, Nachtschwalben, Wiedehopfe oder Zwergfliegenschnäpper beobachten zu können. Auf den Seen der Region finden wir große Populationen von Lach- und Sturmmöwen, Flussseeschwalben, Kormoranen und Graureihern – letztere nicht immer zur Freude von Fischern und Bootsbesitzern. Ebenfalls charakteristisch für das Müritzgebiet sind Zehntausende von Enten, die als Angehörige der Reiher-, Schell-, Tafel-, Stock-, Löffel-, Spieß- oder die wirklich so benannten Schnatterentenfamilien die Seen und Ufer bevölkern. In den Monaten Oktober und November wird es dann auch auf den vielen Seen der Müritz enger und lauter: mehr als 50.000 Gänse und 6.000 baltische Kraniche rasten auf dem Sammelplatz, um dann weiter in die Winterquartiere zu fliegen. Über allen kreisen majestätisch ca. 50 Seeadler. In Federow haben Fischadler ihren Horst und werden mittels Webcam beobachtet.

- Der **Fischreichtum** dieser Gegend ist ein Grund für deren gute Populationsentwicklung: Nach eingehenden Untersuchungen bzw. Befragungen, können sich Adler und Angler auf 24 heimische und fünf „ein-

Das Blesshuhn, auch Blässralle fühlt sich im wasserreichen Gebiet des Müritz-Nationalparks wohl.

gebürgerte" Fischarten freuen. Neben den bekannten Arten wie Karpfen, Hecht, Zander, Aal, Blei, Plötze, Rotfeder, Schlei und Karausche schwimmen hier auch Stint, Steinbeißer, Schlammpeitzger, Dreistachliger und Neunstachliger Stichling. Im **Müritzeum** sind all diese Fischarten nebst Krebsen, Muscheln, Schnecken und sogar Schildkröten in der Aquarienlandschaft zu beobachten. Highlight ist das zweigeschossige Tiefenbecken mit ca. 400 Maränen, einem äußerst schmackhaften heimischen Fisch – apropos Genuss: Unserer Nahrungskette nicht mehr zur Verfügung stehend ist der Edelkrebs; bedauerlicher Weise während der „Krebspest", die von einem Fadenpilz verursacht wurde, nach 1880 völlig verschwunden.

Die scheue Glattnatter liebt sonnige Plätzchen.

• Noch ein kleiner Hinweis für die etwas schreckhafteren Gemüter unter den Waldspaziergängern: **Glattnatter, Ringelnatter** (besonders am Ost-Ufer der Müritz), **Kreuzotter, Blindschleiche** schlängeln sich außer der Erstgenannten recht zahlreich über den Waldboden, ebenso wie die possierlichen Wald- und Bergeidechsen; lediglich die Zauneidechse ist nicht mehr allzu häufig anzutreffen – ebenso die Europäische Sumpfschildkröte.

Natürlich besitzt die Fleesensee/Müritz-Region auf Grund ihres landschaftlich hohen Wald- und Seenanteils eine große Artenvielfalt. Damit dies auch so bleibt, wurden Naturschutzgebiete und Reservate eingerichtet, aber auch Schutzverordnungen erlassen, die bedrohte Tiere und Pflanzen auch außerhalb dieser Gebiete unter Artenschutz stellen.

Farbrausch in Klatschmohnrot

Naturschutzgebiete:

Das Gebiet der **Oberen Seen** (Müritz, Kölpinsee, Fleesensee und Plauer See) bildet seit einigen Jahrzehnten das Herzstück eines der bedeutendsten Erholungsgebiete in Mecklenburg. Seit über vierzig Jahren besteht hier unter dem Namen „Müritz-Seen-Park" ein Landschaftsschutzgebiet, das 1990 den Status „Landschaftsschutzgebiet von zentraler Bedeutung" erhielt. Darüber hinaus gibt es rund um das Fleesenseer und Müritzer Seengebiet eine ganze Reihe weiterer Naturschutzgebiete, die sowohl vom Status als auch von der Größe und Bedeutung stark variieren:

1. Ostufer der Müritz: Der 322 Quadratkilometer große **Müritz-Nationalpark** besteht aus zwei Teilen: Der größere erstreckt sich vom Ostufer bis zur Linie Ankershagen - Neustrelitz - Wesenberg. Der zweite Teil bis zur Linie Fürstensee - Carpin - Triepkendorf. Mehr als 100 Seen (über 1 ha), Moore und eine beeindruckende Artenvielfalt im Tier- und Pflanzenreich kennzeichnet die Bedeutung dieses Nationalparks: Von den mehr als 900 Farnen sind mehr als die Hälfte vom Aussterben bedroht. Frösche, Schildkröten, über 40 Libellenarten, Fle-

dermäuse, Eisvögel, Kraniche, ein Dutzend Greifvogelarten, Fischotter und Biber, Reh und Mufflon sind nur ein kleiner Teil und Beispiel für den Artenreichtum.

2. **Naturpark „Nossentiner/Schwinzer Heide":** nördlich von Malchow
3. **Naturpark „Mecklenburgische Schweiz"**
4. Westufer der Müritz – bei Röbel: **Naturschutzgebiet „Großer Schwerin und Steinhorn"**. Auf der Halbinsel existiert ein wichtiger Brutplatz für Enten, Gänse und Schnepfenvögel, aber auch Rast- und Durchzugsplatz für nordische Gänse, Sumpf- und Wattvögel. Es wird eine Beobachtungs- und Beringungsstation betrieben. Die Landzunge **Steinhorn** ist nicht so sehr wegen seiner Tiere sondern wegen seiner Pflanzen beachtenswert – hier steht ein Hudewald mit imposanten Eichen und Buchen.

Kranichtanz

5. **Damerower Werder:** Seit 1967 Schutzgebiet für Wisente und seltene Pflanzen, siehe Sondertext ↗.
6. Nordufer des **Plauer See**s: In dem Moorgebiet brüten mehr als 50 Vogelarten wie Grau-, Saat- und Blessgänse.
7. **Hellgrund** in der Nähe von Klocksin: Ein 21 Hektar großes Schutzgebiet mit Quellmoor und Riesenschachtelhalmen.
8. **Barschmoor** bei Levenstorf: Sumpfgebiet mit artenreicher Population von Wasservögeln, Lurchen aber auch Orchideen.
9. **Mönchsee** bei Wredenhagen: 245 Hektar großes Schutzgebiet für verschieden brütende Enten- und Rallenarten, Trauer- und Flussseeschwalben und eine Lachmöwenkolonie.
10. **Moorgebiet bei Stuer:** 50 Hektar großes Hoch- und Zwischenmoorgebiet als Rastplatz unter verschiedenen Gänsen und Schnepfenvögeln bekannt.
11. **Mühlenholz** bei Plau am See: Fast 200 Jahre alter Buchenmischwald.
12. **Falkenhäger Bruchgebiet:** Moorvegetation und unterschiedlichste Brutvogelarten.

Einst wurde der Eisvogel u. a. wegen seiner Federn für Damenhüte stark bejagt. Heutzutage steht er unter Naturschutz.

Über diese Gebiete hinaus wurden über 250 weitere Einzelobjekte unter Schutz gestellt: Bäume, Findlinge oder auch Quellen.

Wenn die oben beschriebenen Schutzgebiete weitgehend natürlichen Ursprungs sind, gibt es aber auch künstlich gestaltete Landschaften, die unter Naturschutz gestellt wurden:

- **Parks und Parklandschaften** in Gutsdörfern der Region Waren/Röbel:

1. Alt Schwerin ↗
2. Alt Rehse
3. Blücherhof
4. Groß Gievitz
5. Groß Vielen
6. Kloster Malchow ↗
7. Melz
8. Priborn
9. Wredenhagen

- Vor allem in den vergangenen Jahren konnte die **Wasserqualität** entscheidend verbessert werden – besonders nachdem die Abwasser von Röbel ↗ und Waren ↗ nicht mehr direkt eingeleitet werden, die Gülleeinleitungen der großen Viehwirtschaftsbetriebe wegen deren Schließungen unterbleiben und die Landwirtschaft mit ihren Düngemitteln sorgsamer umgeht.

Zur Geschichte

Die Geschichte dieser Region war gekennzeichnet von Perioden des friedvollen Zusammenlebens und wirtschaftlichen Aufschwungs, aber auch von – in der Regel wesentlich längeren – Zeiträumen kriegerischer Auseinandersetzungen, ökonomischer Katastrophen und sozial-politischer Rückständigkeit.

Der große Wildbestand und außerordentlicher Fischreichtum zog die Menschen schon seit Jahrtausenden an die Müritz. Umfangreiche Grabungen, aber auch einige aufsehenerregende Zufallsfunde, lassen ein recht geschlossenes Bild vom Leben der Menschen in dieser Region erkennen.

- Die **erste Besiedlung** des Müritzgebietes erfolgte bereits in ur- und frühgeschichtlicher Zeit durch Jäger und Fischer. In Klink, Vipperow und Neu Gaarz wurden entsprechende Spuren, wie z. B. Stielspitzen, gefunden. Sägen, Klingen, Gegenstände aus Hirschhorn und Bohrer sind dagegen Spuren einer späteren Zeit – dem Mesolithikum (8.000 bis 3.000 v. u. Z.), die ebenfalls in Neu Gaarz gefunden wurden. In den dann folgenden 1.200 Jahren (Neolithikum) setzten sich auch hier Ackerbau und Viehzucht durch – wie Funde von Werkzeugen und Töpfereiprodukten beweisen. Eine Replik eines solchen Megalithgrabes sowie einige Funde aus der Zeit sind in dem Ausstellungsbereich Zeitreise des **Müritzeums** zu besichtigen. Wie die Anzahl der Funde vermuten lässt, müssen zu dieser Zeit vor allem be-

Zeugnis aus dem frühen Mittelalter – die Kirche in Plau

Eleganter Frauenschmuck aus der Bronzezeit (1800–740 v. u. Z.)

cherartige Gefäße, Perlen und Schmuckstücke aus Bernstein sehr beliebt gewesen sein. Aus dieser Zeit stammen auch die ersten, einem entwickelten Toten- und Bestattungskult zugehörigen Spuren, die Großsteingräber.

• Die **Großstein- oder Megalithgräber**, wie z. B. bei Röbel ↗, Gotthun ↗ oder Bol lewick ↗ verfehlen auch bei heutigen Betrachtern nicht ihren Eindruck. Wie viele von diesen imposanten Gräbern einst errichtet wurden, lässt sich heute leider nicht mehr mit Bestimmtheit sagen, denn der größte Teil der in Typen wie Urdolm, Großdolm oder Ganggrab unterteilten Grabanlagen wurde abgebrochen, um aus diesen einzigartigen historischen Zeugnissen Baumaterial zu gewinnen. In der DDR wurden die Großsteingräber im Jahre 1954 unter Denkmalschutz gestellt und dürfen seitdem nicht mehr zerstört oder verändert werden. In weit größerer Anzahl haben sich die Zeugnisse der darauf folgenden Epoche und deren Totenkultes erhalten: Die zahlreichen Kegel- oder auch Hügelgräber im Gebiet Müritz – Fleesensee stammen aus der Zeit zwischen 1.800 bis 600 v.u.Z. In ihnen wurden eine Reihe von Gegenständen aus Bronze gefunden – dem Material, das diesem Abschnitt der Menschheitsentwicklung seinen Namen gab:

• **Bronzezeit**

Die Wissenschaftler halten es für erwiesen, dass Bronzegegenstände in der ersten Zeit ausschließlich „importiert", d. h. wahrscheinlich gegen Vieh getauscht wurden. Wie hoch entwickelt sowohl die handwerklichen Techniken als auch der Geschmack dieser Zeit gewesen sein musste, zeigte ein Fund bei Lübz ↗: Mit Bronzekegeln besetzte Kleidung, bronzene Fibeln, gedrehte Hals-, Fuß- und Fingerringe und ein reich verzierter Halskragen beweisen darüber hinaus, dass die Ansprüche der Frauen in Geschmacks- und Modefragen wohl schon seit Jahrtausenden die Handwerker zu wahren Höchstleistungen anspornten. Die einheimischen Handwerker lernten allerdings recht schnell das (importierte) Rohmaterial Bronze selber zu verarbeiten, wie der Fund eines Bronzebarrens bei Melz beweist.

In der dann anschließenden Periode – von 600 v. u. Z. bis 0 – siedelten bereits die ersten germanischen Stämme an der Müritz.

- In dieser sogenannten **vorrömischen Eisenzeit** wurde zwar noch immer Bronze verarbeitet, aber immer gebräuchlicher wurde das in den feuchten Wiesenniederungen zu findende Rasen- oder auch Sumpfeisen. Zuerst nur als Werkstoff zur Schmuck- und Gebrauchtwarenherstellung genutzt, gewann das Eisen schnell eine Bedeutung in der einsetzenden Waffenproduktion. Gleichzeitig mit dieser Entwicklung entstand eine erste Adelsschicht innerhalb der germanischen Stämme. Die Angehörigen des Adels wurden entsprechend ihrer gesellschaftlichen Stellung bestattet: Die sterblichen Überreste wurden verbrannt und in Urnen auf Flachgräberfriedhöfen beigesetzt. In Sietow ↗ ist ein solches Urnengrabfeld gefunden worden. Das sogenannte Fürstengrab von Groß Kelle wurde allerdings jetzt in die

- **Kaiserzeit**

zwischen dem 1. bis 4. Jahrhundert datiert. Waren die Bevölkerungszahlen in der Bronzezeit noch stetig gestiegen, nahmen sie in den darauf folgenden Jahrhunderten immer weiter ab – bis in die Zeit der

- **Völkerwanderungen** (5. bis 6. Jahrhundert).

Nun wurde es still in den Wäldern des Landes Fleesensee und auf der Müritz: Die Wissenschaft hat nachgewiesen, dass die gesamte Gegend über zwei Jahrhunderte völlig entvölkert war.

- **Slawische Stämme** aus Ost- und Südeuropa

drangen nun zu Beginn des 7. Jahrhunderts in dieses menschenleere Gebiet ein. Die zu den Stämmen der Lutizen bzw. der Obotriten gehörenden Slawen lebten von Ackerbau und Viehzucht.

Ihre handwerklichen Fertigkeiten brachten sie schnell auf ein erstaunliches Niveau – wie zahlreiche Funde beweisen. Auch waren ihre Handelsbeziehungen keineswegs nur auf die Region oder andere slawische Stämme beschränkt – so fanden z. B. Münzen ihren Weg aus dem vorderen Orient bis an die Müritz.

Die Kirche St. Nikolai in Röbel ist ein frühgotischer Bau, der 1275 geweiht wurde.

Aus dieser Zeit stammen auch die Spuren, die jeder Tourist ohne Probleme erkennen kann.

- Die ersten **slawischen Burgen** wurden gebaut, deren Burgwälle sich bis heute erhalten haben. Diese Anlagen, von denen es in Mecklenburg-Vorpommern noch über 230 gibt, kann man natürlich nicht mit den Höhenburgen vergleichen, wie sie in Mittel- und Süddeutschland noch zu bestaunen sind. Es sind also keine trutzigen, von hohen Mauern umgebende Bauwerke – hier handelt es sich ausschließlich um sogenannte Fluchtburgen, d. h. diese Bauten wurden in schwer zugänglichen Wiesen- oder Moorgeländen, auf Inseln oder an Seen bzw. Flüssen errichtet. Sahen sich die Bewohner bedroht, flüchteten sie hinter die Holz-Erd-Wälle, in deren Zentrum sich auch das Stammesheiligtum befunden haben soll. Diese Entwicklung hält bis ins 12. Jahrhundert hinein an: Aus dieser Zeit stammen viele Namen für Seen, Flüsse und Orte. Erstmals wird auch der Name für diese Gegend erwähnt: Für

Malchow – die Klosterkirche

1186 ist der Begriff „terra Moriz“ und der slawische Stamm der Müritzer verbürgt – abgeleitet aus dem schon vorher bekannten „provincia Muizzi“ (946), was soviel wie „die am Meer Lebenden“ bedeutet.

• Bereits Anfang des **10. Jahrhunderts** versuchten deutsche Fürsten diese Gebiete zu erobern – Otto I. (936 bis 973) gelang bereits ein zeitweiliger Sieg, bis der große Slawenaufstand von 983 dessen Herrschaft wieder beendete.

• Mitte des **12. Jahrhunderts** begann ein neues Kapitel der Ostexpansion unter Heinrich dem Löwen, Herzog von Sachsen. Nach erbitterten Kämpfen – nicht nur mit deutschen, sondern auch mit polnischen und dänischen Eroberern musste sich der Obotritenfürst Niklot geschlagen geben: Wenig später ermordet, erhielt allerdings dessen Sohn Pribislaw im Jahre 1167 fast den gesamten früheren Herrschaftsbereich als Lehen zurück. Die Nachkommen dieses Fürsten Pribislaw sollten für viele Jahrhunderte die Geschicke des Landes beherrschen – fast 800 Jahre lang – bis 1918! Auch wenn entsprechende Schilderungen fehlen, scheinen die jahrzehntelangen kriegerischen Auseinandersetzungen mit großer Grausamkeit geführt worden zu sein – ähnlich wie später im **Dreißigjährigen Krieg** (1618 bis 1648) waren am Ende ganze Landstriche entvölkert. Dies und die Tatsache, dass die deutschen Eroberer aus den Fehlern der Vergangenheit gelernt hatten, setzte eine **zweite,**

kleine Völkerwanderung in Gang. Vorwiegend deutschen und niederländischen Bauern und Handwerkern wurden zu „Vorzugspreisen" Land und vor allem neue Rechte angeboten. Die so vielfach der früheren Leibeigenschaft Entkommenen siedelten entweder in den alten slawischen Dörfern – und wenn diese nicht mehr existierten, wurden neue gegründet – wie zum Beispiel Schmachthagen. **Erste Städte**, die in dieser Zeit entstanden, zeichnen sich durch den heute noch gut erkennbaren typischen Grundriss eines gitterförmigen Straßennetzes im alten Stadtkern aus: Wie z. B. in Plau ↗, Malchow ↗ oder Röbel ↗. Um sowohl die eigene Bevölkerung unter Kontrolle zu halten, als auch die nicht immer freundlich gesinnten Standesgenossen aus der Nachbarschaft in Schach zu halten, machten die Fürsten ihre früher lediglich als berittene und gepanzerte Krieger benötigten „Schlagetots" zu ortsansässigen Rittern. Sie waren dem jeweiligen Fürsten zu ständigen Militärdiensten verpflichtet und bildeten so eine Art stehendes Heer, für das der Herrscher nicht aufkommen musste. In der Regel erhielten diese Ritter einige Hufen Land (ca. 100 ha), die von Bauern zu bewirtschaften waren. In der Folgezeit entstanden so auch einige der noch heute bewundernswerten **Burgen**, meist ein Turmhügel mit Wassergräben und Vorburg, wie z.B. die eindrucksvollen Reste in Stuer ↗ oder der Burgturm zu Plau ↗. Ebenfalls emsig mit dem Auf- und Ausbau ihres Herrschaftsbereiches beschäftigt:

Plau am See – der Burgturm

• Die **katholische Kirche**.
Mittels einer unbestreitbar „geschickten und rationellen Verwaltung“ entwickelten sich die **Klöster**, z. B. in Malchow ↗, schnell zu den reichsten feudalen Grundherren – was man auch heute noch an der Anzahl und Ausstattung der verschiedenen sakralen Gebäude erkennen kann. Auch wenn diese Gegend, im Gegensatz zu anderen Mecklenburgs, keine überregionale Bedeutung erlangte, war die Zeit bis zur Wende ins 15. Jahrhundert von einem stetigen Aufschwung gekennzeichnet. Eine Entwicklung, die dann plötzlich unterbrochen wurde. Welche genauen Ursachen diese Wirtschaftskrise nun hatte – ob es der Geburtenrückgang, klimatische Veränderungen, Missernten oder Viehseuchen waren – weiß man heute nicht mit Bestimmtheit zu sagen. Die Auswirkungen waren jedenfalls katastrophal – ganze Landstriche wurden entvölkert und von vielen Dörfern und Siedlungen „künden heute nur noch Flurnamen und blaugraue Keramikscherben“ (Melz, Schönberg oder Falkenhagen).

• Im letzten Drittel des **15. Jahrhunderts**
begannen sich die wirtschaftlichen Verhältnisse wieder zu erholen. Die Getreidepreise stiegen und ließen Rodungen, Neuanbau u.ä. wieder rentabel werden. Es gab wieder zahlreiche Ortsgründungen – Hinrichsberg (Sietow) soll dafür ein Beispiel sein. Wie schon so oft in der Geschichte dieser Region begann nach den Katastrophen ein über lange Zeit anhaltender und von äußeren Einflüssen kaum beschränkter Aufbau: Der Bauernkrieg (1525) fand in dieser Region einfach nicht statt – was in der Tatsache begründet war, dass die meisten (ritterschaftlichen) Bauern das Erbrecht besaßen. Auch das gefürchtete „Bauernlegen“, also die Enteignung der Bauern, fand hier kaum Anwendung – bedurfte sie doch der Einwilligung des Landesherren und die Bauern mussten entschädigt werden.

• Als die **evangelisch-lutherische Kirche 1549**
offiziell in Mecklenburg eingeführt wurde, hatte die **Reformation** die Region bereits 16 Jahre früher erreicht und sich erfolgreich durchgesetzt.

• Mit dem Ausbruch des **Dreißigjährigen Krieg**es
(1618 bis 1648) und speziell mit dem Eintritt Schwedens in die Auseinandersetzungen (1630) endete diese für die Menschen dieser Gegend so friedliche und erfreuliche Entwicklung. Der ständige Durchzug der unterschiedlichsten Truppen, die nicht nur sämtliche Güter raubten, sondern auch alles zerstörten, was noch irgend-

Vergangenheit trifft Gegenwart – die frühgotische Kirche in Federow ist Hörspielkirche

wie zu zerstören war, stürzte das Land in eine Katastrophe, von der sich in den kommenden Jahrhunderten weder die Gesellschaft noch die Wirtschaft wieder erholen konnte. Wenn man sich vorstellt, dass Städte wie Plau ➚ in einem einzigen Jahr (1636) gleich 15 mal geplündert wurden und am Ende des Krieges in ganz Mecklenburg von einer ehemals halben Million Einwohner nur noch 40.000 Menschen lebten, ist dies sicherlich nachvollziehbar. Noch 1.700 sollten trotz Zuzugs vor allem aus Dänemark nicht einmal ein Drittel der Vorkriegseinwohnerzahlen erreicht worden sein. So dürfte es für die Bewohner auch von marginaler Bedeutung gewesen sein, dass sich das Mecklenburger Fürstenhaus und damit auch das Land in Mecklenburg-Schwerin und Mecklenburg-Güstrow geteilt hatte (1621). Eine Auswirkung des Dreißigjährigen Krieges sollte aber auch das spätere Bild dieser Region von Armut und Rückständigkeit prägen: Der ehemals starke und selbstbewusste Bauernstand geriet nun in völlige Abhängigkeit der Gutsherren. Bauern, die früher an 2 oder 3 Tagen im Jahr(!) für den jeweiligen Gutsherren arbeiteten, wurden jetzt zu Tagelöhnern oder Leibeigenen. Nach einigermaßen verlässlichen Berechnungen wurden von 14.300 Bauern (1628) in den folgenden 66 Jahren mehr als 12.000 „gelegt“, d. h. in der Regel entschädigungslos enteignet. Auf den nun entstandenen, flächenmäßig riesi

Nachgebaute Mühle im Dorfhotel Fleesensee

gen Gütern, erhielten die Gutsherren „die unumschränkte Gewalt über die Bauern, die praktisch ihr Eigentum wurden". Eine Praxis, die sich mit der offiziellen Abschaffung der Leibeigenschaft im Jahre 1819 auf dem Sternberger Landtag und ihrer Einführung ab 1821 nicht wirklich änderte.

Neben der Einführung einer neuen Bodenbewirtschaftungsform, der sogenannten mecklenburgischen Schlagwirtschaft, brachten auch die neu eingerichteten und zahlreichen Glashütten den Adligen weiter steigende Einkünfte. Zumal diese Hütten neben den Teeröfen und Kalkbrennereien einen enormen Holzbedarf hatten. Die gerodeten Wälder wurden dann zu Ackerflächen, deren Erträge wiederum sehr gut verkauft werden konnten. Wenn man sich heute wundert, mitten in der „Einöde" das eine oder andere Schloss oder überproportional anmutende Herrenhaus anzutreffen, dann sind das in der Regel Bauten, die in dieser Zeit des feudal-gutsritterlichen Wohlstandes, ja sogar Reichtums, entstanden. Daran änderten auch die hohen Kriegskontributionen nichts.

• Nach dem **Siebenjährigen Krieg** (1756 bis 1763) trug Mecklenburg schwer an ihnen. (allein Waren ↗ hatte 1761 insgesamt 2.400 Taler abzuliefern). Auch wenn in den kommenden Jahren ein relativer allgemeiner wirtschaftlicher Aufschwung eintrat – der vor allem den Städten zugute kam – und mit Reformen wie dem Verbot der Teufelsaustreibung (1765), der Folter (1769) bis hin zu neuen, wirksameren Bau- und Brandschutzverordnungen das tägliche Leben ein wenig erträglicher wurde, zog die nächste Katastrophe schon wieder am Horizont hinauf:

• **Napoleon** hatte bei Jena und Auerstedt (14.10.1806) gesiegt und erkannte die Neutralitätserklärung Mecklenburgs nicht an. Als dann die Generäle Blücher und York den französischen Truppen und Marschall Bernadotte bei Waren, bei Jabel und Nossentin einige Gefechte lieferten, war das natürlich ein guter Anlass, in der Gegend um die Müritz zu bleiben: Die französischen Truppen blieben bis Juni 1808. Die fast zweijährige Besetzung hinterließ nicht nur ein wirtschaftliches Chaos – die „materiellen Schäden und Verluste waren beträchtlich". Auch wenn in den folgenden Jahren erste Chausseen, Eisenbahnlinien und Kanäle gebaut wurden – die allgemeine Lebenssituation änderte sich nicht, weshalb die Tagelöhner, Gesellen und Bürger im Mai **1848** auf die Straßen gingen und die Revolution probten. Da sich in der Folge auch weiterhin nichts verbesserte, sahen viele Müritzer ihr Heil in der Flucht – und wanderten aus: in der Stadt Waren ↗ zwischen 1853 bis 1855 beinahe 150 Personen, fast 20.000 im gleichen Zeitraum für ganz Mecklenburg.

• Auch die **Reichsgründung 1871** änderte kaum etwas an den Verhältnissen – ebenso wenig wie die Abdankung des Großherzogs Friedrich Franz IV. von Mecklenburg-Schwerin am 14. November 1918. Allerdings wurde das Leben der Landarbeiter ein wenig erleichtert und die Gesindeordnung und die Ausnahmegesetze abgeschafft.

• Obwohl der erste **sozialdemokratische Wählerverein** erst 1908 in Waren ↗ gegründet wurde, erhielt die SPD 1919 mehr als 1.950 und die anderen bürgerlichen Parteien 21.000 Stimmen. Demokratisch gesinnt, wie das aufstrebende Bürgertum in diesem noch immer als rückschrittlich verspotteten Landstrich war, setzte man sich auch mit aller Kraft gegen die Kapp-Putschisten vom März 1920 zur Wehr – und das, obwohl gerade der einheimische Adel den Truppen der „Baltikumer", „Roßbacher" und der Reichswehr unter Generalmajor Lettow-Vorbeck große Sympathien entgegenbrachte.

• Später unterstützten viele dieser konservativen Gutsherren die **Nationalsozialisten**, die dann aus den Wahlen 1931 hier als stärkste Partei hervorgingen. Nach 1933 entstanden eine Vielzahl von Rüstungsbetrieben – u. a. auch unterirdisch am Stadtrand von Waren ↗. Wo heute Sportflugzeuge landen und sich das Luftfahrttechnische Museum ↗ befindet – in Rechlin ↗ – testete die Luftwaffe zwischen 1933 und 1945 ihre Kampfflugzeuge. In das große Finale wurde das Müritzgebiet dann ebenfalls mit einbezogen:

- Am **2. Mai 1945** erreichte die 2. Belorussische Front die Linie „Warnemünde - Röbel - Pritzwalk". Erstaunlicherweise blieben diesmal die seit Jahrhunderten während militärischer Auseinandersetzungen immer in Mitleidenschaft gezogenen Städte an der Müritz von größeren Zerstörungen verschont.
- Gleich nach **Beendigung** des **Zweiten Weltkrieges** kam es wie überall im Ostteil Deutschlands zu tiefgreifenden gesellschaftlichen Umwälzungen: Mit der Enteignung und Aufteilung des Rittergutes Klink ↗ begann an der Müritz die Durchsetzung der Verordnungen zur **Bodenreform**: Im gesamten Landkreis wurden in der Folgezeit 66 Gutsbesitzer und 27 dem Nazi-System besonders nahestehende Personen entschädigungslos enteignet und deren Land an Tagelöhner, landarme Bauern oder an Vertriebene verteilt.
- Bereits sieben Jahre später begann man mit der Gründung von Agrarbetrieben (LPG, VEG u. a.) Diese **Landwirtschaftlichen Produktionsgenossenschaften** (LPG) bestanden bis zum Ende der DDR und wurden nach 1990 entweder aufgelöst, in kleinere Genossenschaften umgewandelt oder an die früheren Besitzer rückübertragen bzw. von denen zurückgekauft. Die **Landwirtschaft**, vor allem der Anbau von Kartoffeln, Getreide und Zuckerrüben, wurde vor allem intensiv mit landwirtschaftlichen Großgeräten betrieben - vielfach unter hohem Ein-

Der Forstbotanische Garten „Erbsland" nahe Mirow

satz von chemischen Mitteln und ohne Rücksicht auf den Landschaftsschutz. Die gleiche Entwicklung war für die **Viehhaltung** kennzeichnend – bezeichnender Weise mit dem Begriff „Tierproduktion" belegt. Bis Mitte der 1970er-Jahre wurden im Müritzgebiet einige **Industriebetriebe** angesiedelt – vor allem im Bereich der Möbel- und Baustoffindustrie (Waren ↗, Kargow ↗), sowie einige Spezialbetriebe im Bereich Schiffbau (Rechlin ↗). Eine besondere Bedeutung erlangte in diesen Jahren der **Fang**, die **Zucht** und die **Verarbeitung** von **Fischen** wie Forellen, Karpfen und Aalen; Jahresverarbeitungsmengen von 1100 Tonnen Rohfisch waren bereits in den 1970er-Jahren Standard bzw. „Planziel im sozialistischen Wettbewerb".

• Die heute zu den Haupteinnahmequellen gehörende **Tourismusbranche** entwickelte sich bereits in den 1920er-Jahren – allerdings beschränkt auf Röbel ↗ und Waren ↗. Während der DDR-Periode setzte man vor allem auf den geplanten und staatlich organisierten Massentourismus: So entstand z. B. in Klink eine Urlaubersiedlung und das Erholungsheim „Herbert Warnke" des Freien Deutschen Gewerkschaftsbundes (FDGB), welches sich unter marktwirtschaftlichen Bedingungen zu einem respektablen Hotel gemausert hatte, schließlich aber auch diesen dann „zum Opfer gefallen" ist: im Jahr 2016 geschlossen, wurde das riesige Gebäude abgerissen und musste einem modernen Appartementhotel weichen. Viele Betriebe errichteten für ihre Mitarbeiter an den Müritzseen und dem Fleesensee kleinere, mehr zweckmäßige, denn in die Landschaft passende **Urlaubersiedlungen** – die bei der Bevölkerung äußerst beliebt, aber auf Grund der viel zu geringen Kapazitäten hoffnungslos überlastet waren.

• Die Freunde des **Wald**es hatten es da noch schwerer: ab 1970 wurde mehr als die Hälfte der Waldfläche des Kreises Waren in ein Staatsjagdgebiet umgewandelt – und damit zum Sperrgebiet erklärt. Was damals höchst ärgerlich war, freut heutige Naturliebhaber. Neben dem bereits im Jahre 1960 bestehenden Landschaftsschutzgebiet „Müritz-Seen-Park" können sie seit 1990 die 322 Quadratkilometer große Fläche des „Müritz-Nationalparks" ↗ für ihre Ausflüge und Beobachtungen nutzen.

• Nach anfänglichen wirtschaftlichen Schwierigkeiten zu Beginn der 1990er-Jahre erlebt die Region einen stetigen **Aufschwung** – in Verbindung mit Investitionen in Milliardenhöhe, gerade auf dem Sektor Tourismus.

Land & Leute – Küche, Mundart und Literatur

Auch wenn **Ernst Moritz Arndt** nicht unmittelbar aus dieser Gegend kommt, dürfte seine Einschätzung über die Mecklenburger auch auf die Bewohner des Fleesenseer Landes/Müritz gemünzt sein: „Etwas träge und bequem, aber durchaus gutmütig und gerade", voller „Fröhlichkeit, Tapferkeit und Treue".

• Hat man sich erst einmal den Zugang zu der mecklenburgischen **Mentalität** erarbeitet, so sind auch schnell die Vorzüge an der hiesigen Bodenständigkeit zu merken: man kann sich einfach auf sie verlassen – gerade und direkt in ihrer Art.

• Ebenso gelassen und gradlinig wie die Mentalität der Mecklenburger ist auch ihre **Küche** – so jedenfalls die landläufig vorherrschende Meinung. Als gute Esser und starke Trinker schon seit Jahrhunderten bekannt, scheint sich auf lukullischer Ebene hier kaum etwas verändert zu haben. Natürlich hat sich auch hier in der Küche etwas getan – aber die Ingredienzen sind doch eher traditionell: Fisch – vor allem Aal, Hecht und Zander werden zu Suppen und Fischtöpfen verarbeitet und geräuchert, gedünstet, auch gebraten oder kalt auf den Tisch gebracht.

• Die sprichwörtlichen pommerschen **Gänse** werden als Braten mit Kastanienfüllung, aber auch geräuchert und gepökelt und in Form von Teilen serviert. Als besondere Delikatesse gilt Gänseweißsauer. Die vielen Enten werden nach ähnlichen Rezepten verarbeitet – nur wird hier als Füllung auf frisches oder getrocknetes Obst (Backpflaumen!) zurückgegriffen. Weniger verbreitet sind Rezepte zum Hornvieh: Außer dem Labskaus findet man nur noch den guten alten Lammbraten – wie auch in anderen Regionen.

• Eher schon anzutreffen sind da Gerichte vom **Schwein** und natürlich von **Wild**. Als absolute Spezialisten können die Touristen ihre Gastgeber als **Wurstmacher** bewundern: Speck in den unterschiedlichsten Varianten – ebenso wie **Schinken** und die verschiedensten **Wurstwaren**, dazu eines der einheimischen Brote – einfach göttlich, ars vivendi auf Mecklenburgisch.

• Wer es nicht so deftig, dafür doch eher süß mag – die **Kuchen** vom Blech und aus dem Napf sind eine echte Sensation und zur Nachahmung empfohlen.

• Zum Essen gehört auch ein guter **Schluck** – getreu dem Motto *„Ein mäklenburger Mo-*

gen kann al det verdragen" werden auch heute noch vor allem Biere und hochprozentige Schnäpse in geselligen Kneipenrunden oder einsam vor sich hingesüffelt, gestörkert, gekilket, gebäkert oder geströpert. Schon in Fritz Reuters „Ut mine Stromtid" war auf jedem Fest das fetzig auf einer Klarinette begleitete „Wer niemals einen Rausch gehabt, das ist kein braver Mann" der absolute Evergreen. Dem genießenden Trinker soll an dieser Stelle vor allem das hiesige **Bier** empfohlen sein – frisch vom Hahn passt das Einheimische phantastisch zu den Speisen der Region.

Manches Kleinod wurde gerettet, weil ein Hotel daraus wurde – Gutshaus in Ludorf

Blick auf Mirow in den Abendstunden

• Selbstverständlich hat sich in den vergangenen Jahren auch eine **kulinarische Hochkultur** in Mecklenburg-Vorpommern entwickelt.

• Was soll ein genüssliches Mahl ohne ein gutes Gespräch? In Mecklenburg und natürlich auch im Müritzgebiet wurde jahrhundertelang **Plattdeutsch** gesprochen. Diese **Mundart** entstand durch gewisse Lautverschiebungen im 6. Jahrhundert und entwickelte sich in den folgenden eintausend Jahren zur allgemein anerkannten Verkehrssprache des gesamten Ostseeraums. Immer mehr an Bedeutung verlierend, ging diese spätestens mit der Bildung einer deutschen Nation und der damit verbundenen allgemeinverbindlichen Einführung des Hochdeutschen fast vollständig unter. Da hilft es auch nicht, den Nachweis zu führen, dass bereits im Fragment des „Hildebrandsliedes" Plattdeutsches gefunden wurde, der legendäre Till Eulenspiegel in seiner Urschrift von 1483 als „Dil Ulenspiegel" platt schnackte und das Wort „Trecker" für eine landwirtschaftliche Zugmaschine aus dem Platt kommen soll. Rund um die Müritz wird heute – wenn überhaupt – Platt nur in seiner „gepflegten Version" gesprochen. Dieses Pitschen-Platt dürfte eigentlich keinem Touristen irgendwelche Verständigungsprobleme bereiten.

• Weniger diese Worte, als die Höhen der zivilisierten Literatur erklomm einer der bekanntesten **Literaten Mecklenburgs**:

- Johann **Heinrich Voß** (1751–1826) wurde als Homer-Übersetzer auch international bekannt, verfasste darüber hinaus zahlreiche Gedichte auf Plattdeutsch und übte einen großen Einfluss auf die Anerkennung der Mundart-Literatur aus.
- **Fritz Reuters** (1810–1874) Erfolg wäre ohne die Vorarbeit von Voß wahrscheinlich nicht denkbar gewesen. Aus der Feder des heute wesentlich bekannteren Stavenhageners (hier befindet sich auch das ihm gewidmete Literaturmuseum) stammen „Läuschen un Rimels" und später die Beschreibung des Tagelöhnerlebens „Kein Hüsung". Am erfolgreichsten für den 1833 zum Tode verurteilten „Majestätsbeleidiger" wurden dann aber seine Mitte der 1840er-Jahre spielende Dorfgeschichten um Onkel Bräsig und seinen Freund Hawermann. Das auch hin und wieder in diesem Reiseführer zitierte zweibändige „Ut mine Stromtid" eignet sich hervorragend für verregnete Sommertage oder Winterabende vor dem geplanten Mecklenburg-Urlaub.
- Die Werke **John Brinckmanns** (1814-1870) waren nicht ganz so erfolgreich wie die Reuters. Der zwischenzeitlich ins amerikanische Exil vertriebene Rostocker schrieb plattdeutsche Gedichte, No-

Der Golfplatz Göhren-Lebbin

vellen, Satiren und Kurzgeschichten: z. B. „Kaspar Ohm un ick“, „Vagel Grips“ oder „Höger up“.

- Wesentlich besser in der Erinnerung geblieben sind die Arbeiten des „Professor des Volkes“ - des Lehrers **Richard Wossidlo** (1859–1939). Der viele Jahre in Waren (Müritz) lebende Philologe und Archäologe sammelte mehr als 50.000 plattdeutsche Sagen und gab mehrere Sammlungen von Sprüchen, Kinderreimen und Rätseln heraus. Wossidlo, dem ein entsprechender Gedenkstein in Waren gewidmet ist, verfasste darüber hinaus ein u. a. zweibändiges Werk über das Leben auf See („Reise, Quartier in Gottesnam“), „Aus dem Lande Fritz Reuters“ und „Humor in Sprache und Volkstum“.

- Lernt man das **Land**, seine **Bewohner** und ihre **Lebensart** rund um den Fleesensee und die Müritz einmal kennen, versteht man sicherlich den zugegebenermaßen emphatisch gefärbten Lokalpatriotismus eines Fritz Reuters vielleicht ein bisschen besser: *„Als unser Herrgott die Welt schuf, fing er in Mecklenburg an (...). Und wenn ein fremder Mensch hierher kommt, dann kann er sehen, daß unser Herrgotts Hand über Wiese und Wald, Berg und See geruht hat, und daß er Mecklenburg im Auge hatte, als er sagte, daß alles gut gemacht war“.* („De Urgeschicht von Meckelnborg“).

Am Plauer See

Der Plauer See

„Dies Land hat einen äußerst fruchtbaren Boden, vorzüglich aber wird mitten im Land und in den nördlichen Gegenden ein Segen von allerlei Getreide, Flachs, Hanf und allerlei Arten Baumfrüchten erzeugt. Das platte Land ist mit Hügeln und Tälern durchschnitten und hat die schönsten Waldungen, die Zimmerholz und Wildbret im Überfluß liefern. Die fetten Wiesen geben reiches Futter für das Hornvieh, das man hierzulande vor dem letzten schädlichen Viehsterben im Überfluß hatte. Auch hat das Land zahlreiche Schäfereien, die einen Überfluß von Wolle liefern. Die mecklenburgischen Pferde sind gut, ob sie gleich nicht sehr groß sind, Schweine gibt's hier in zahlloser Menge..." (Thomas Nugent „Reisen durch Deutschland" 1767)
Was den englischen Reisenden Der Plauer See ist der drittgrößte See in Mecklenburg-Vorpommern. Er dehnt sich von Nord nach Süd auf 14 Kilometer Länge aus, sein Wasser bedeckt 38,4 Quadratkilometer. Seine tiefste Stelle hat er bei 25,5 Metern. Der nordwestliche Teil steht unter Naturschutz. Den Rest teilen sich eine vielfältige Tier- und Pflanzenwelt und Wassersportler.

Plau am See

Ein solcher Punkt ist mit **Plau am See** gefunden: Malerisch steigt das bewaldete Ufer des Plauer Sees bis über 20 Meter an und mit der Elde verlässt ein über 220 Kilometer langer Fluss den drittgrößten See Mecklenburgs. Also ideales Siedlungsgebiet für unsere Altvorderen. Für die heute typisch mecklenburgische Kleinstadt lassen sich deshalb auch viele vorgeschichtliche Zeugnisse finden – nachweislich wurde das Städtchen zwischen 1225 und 1226 erbaut. Wann ihm das Stadtrecht verliehen wurde, darüber gibt es unterschiedliche Aussagen: In der wissenschaftlichen Literatur heißt es, Fürst Heinrich Borwin I. habe um das Jahr 1225 das Parchimer Stadtrecht verliehen. Die Stadt selber möchte erst 10 Jahre später, also 1235, durch Fürst Pribislav von Parchim-Richenberg das Stadtrecht erhalten haben und feierte so 1985 die 750-Jahrfeier. Planmäßig, nach einem gitterförmigen Netz angelegt, erhielt Plau, das damals wahrscheinlich noch Plawe, also Flößerort hieß, bereits 1288 eine starke Befestigung mit drei Toren, Wallanlagen und Gräben. Diese Befestigungen wurden sogar noch weiter ausgebaut – und Plau in den Jah-

Plau am See – Stadtansicht mit Kirche

ren zwischen 1538 bis 1550 zur Festung. Dieses Bollwerk hatte nur zehn Jahre Bestand – dann wurde es geschleift und diente den Bürgern als Baumaterial für ihre Wohnhäuser und Stallungen. Aus dieser Zeit erhalten hat sich jedoch das Wahrzeichen der Stadt:

- Der **Burgturm** mit seinen fast drei Meter dicken Mauern. Hier kann man heute ein elf Meter tiefes Verließ und eine intakte Turmuhr besichtigen. Den Turm kann man besteigen und einen schönen Ausblick genießen. Abends wird der 23 Meter hohe Turm von mehreren Scheinwerfern in ein malerisches Licht getaucht. Der Burgturm ist Teil des **Plauer Burgmuseums**, welches mit seinem zweiten Teil, dem **Technikmuseum**, interessante Ausstellungsstücke zeigt. Außerdem sind Exponate zur Stadtgeschichte zu sehen und eine Ausstellung über den Plauer Künstler Wilhelm Wandschneider. Weniger romantisch, eher laut und schrill, geht es Ende Juli jeden Jahres zu – dann werden hier die **Plauer Ritterspiele** gefeiert: mit Budenzauber, Ritterspielen, Trink- und Fressgelagen. Im Gegensatz dazu bieten die **Burgfestspiele** ein abwechslungsreiches Programm für die ganze Familie.
- Unweit des mittelalterlichen Turmes befindet sich der **Marktplatz** mit seinem **Rathaus**. Der rote Backsteinbau von 1888 gehört sicherlich zu den schönsten Gebäuden der Stadt – und das umgebende Ensemble prächtiger Giebelhäuser kann diesen Eindruck nur unterstreichen.
- Ebenfalls am Markt befindet sich die **Stadtkirche St. Marien**, deren Bau bereits in die Tage der Stadtgründung zurück reicht, wie unter anderem an dem Feldsteinuntergeschoss des quadratischen Westturms erkennbar ist. Im

Äußeren ist das Bauwerk ein klassisches Beispiel für eine Hallenkirche westfälischen Typs im Übergangsstil von der Romanik zur Gotik. Der Eindruck im Inneren ist stark von einer umfassenden Restaurierung in den Jahren 1877 bis 1879 geprägt und wird vor allem durch die dreiseitige Empore aus dieser Zeit beherrscht. Neben den Resten des ehemaligen Hauptaltars von 1500 und einem qualitativ sehr hochwertigen Schnitzrelief einer vielfigürlichen Kreuzigungsgruppe aus der gleichen Zeit, sind die drei Kronleuchter interessant: Der älteste ist mit Tierköpfen und einer heiligen Maria in der Strahlenmandorla verziert, der mittlere trägt einen doppelköpfigen Adler und der letzte wurde als Nachbildung des mittleren (inklusive der Erweiterung um ein Kreuz) erst 1885 in Plau gegossen. Darüber hinaus noch beachtenswert: Eine Renaissance-Taufe aus dem Jahre 1579, die aus der Plauer Geschützgießerei stammt. Die Pieta erinnert an die Gefallenen des Ersten Weltkriegs und stammt von Wilhelm **Wandschneider**. Leben und Werk dieses Plauer Bildhauers beleuchtet die **Wandschneider-Abteilung** im **Burgmuseum**.

• Eine – ebenfalls sehr kleine – Gedenkstätte befindet sich auf dem Klüschenberg, dem **jüdischen Friedhof**, auf dem die letzte Beisetzung im Jahre 1951 erfolgte.

• Auch wenn man es heute kaum ahnen kann, Plau war nicht nur ein bemerkenswerter Handelsstützpunkt auf dem Weg in die Hanse-Metropolen Rostock und Hamburg, das Städtchen war auch für seinen **Maschinenbau** bekannt.

Plau am See – die Hühnerleiter

Dr. Ernst Alban, der Erfinder der Hochdruckdampfmaschine, lebte lange Jahre in Plau und betrieb hier, in der Nähe der eldeabwärts gelegenen Wassermühle, eine Fabrik für Landmaschinen. Die „Alban", das erste **Dampfschiff** dieser Gegend, wurde von ihm konstruiert und schipperte ab 1845 mehrere Jahre über den Plauer See. Heute erinnern an den genialen Konstrukteur die gleichnamige Straße und eine Gedenkplakette. Im Burgmuseum kann man einen Nachbau im Maßstab 1:2 seiner ersten **Hochdruckdampfmaschine** bestaunen. Das Credo dieses Erfinders sollte auch für uns Heutige gelten: *„Unsere menschliche Bestimmung ist nach meiner Überzeugung nicht, glücklich zu sein ohne Rücksicht auf andere, sondern sein Glück zu suchen in der Bemühung und ihren Erfolgen, andere glücklich zu machen, indem man ihnen so nützlich als möglich wird."*

Plau am See – die Hubbrücke

In unmittelbarer Nachbarschaft zur Dr.-Ernst-Alban-Straße und der Mühlenstraße befindet sich eine weitere Sehenswürdigkeit aus dem technischen Bereich:

- Die **Plauer Schleuse**. Stolz wird berichtet, dass diese erste von insgesamt vierzehn Eldeschleusen bereits 1650 bestanden hat und deshalb in einer entsprechenden Chronik erwähnt wurde. In den Jahrhunderten ständig verändert, erneuert, vergrößert und vertieft, ist der obere Teil der Schleuse heute betoniert und die Kammern mit Stahltoren ausgerüstet. Über die sogenannte **„Hühnerleiter“**, eine schmale Treppe, kann die Schleuse von Fußgängern überquert werden.

- Beschaulich über den **Alten Wall** oder die nur wenige Meter gegenüberliegende Strandstraße Richtung Plauer See spazierend, erreicht man dann die nächste Sehenswürdigkeit technischer Herkunft: die **Hubbrücke**. Errichtet zwischen 1917/18 und 1990/91 restauriert, macht es einfach Spaß, dieser Mechanik zuzuschauen. Eldeabwärts kommen wir am Eldehafen bis wir den Yachthafen mit seinem **Leuchtturm** und das Hafendorf erreichen, Blick auf den Plauer See inklusive.
- Unter dem Motto **Plauer Segelsommer** finden jährlich hochwertige Wettkämpfe für alle Altersklassen auf dem Plauer See statt.
- Unter dem Namen **Plauer Musiksommer** finden von Juni bis September hochkarätige Konzerte in der St.-Marien-Kirche statt.
- Das **Klüschenberg-Wintertheater** wurde ursprünglich aus der Taufe gehoben, um die besucherschwache Saison zu überbrücken. Inzwischen wurde daraus ein Event von Mitte November bis Anfang März, welches die Leistungen der Gastronomen mit deren schauspielerischen Talenten verknüpft.
- Die Aktion **kunst:offen** ist ein Event heimischer Künstler, die am Pfingstwochenende ihre Ateliers und Werkstätten öffnen und sich über die Schulter blicken lassen.
- Wer sich weder für sakrale Architektur noch für in Metall gegossene Technik interessiert – dem sei ein weiteres Museum empfohlen: In Plau am See gibt es seit vielen Jahren ein Museum, das ohne Kunst auskommt und trotzdem viele Besucher anlockt.

Im Wangeliner Garten (Seite 38)

Plau besitzt ein Bienenmuseum. Die **Imkerei & Bauernhof Bode** befindet sich gegenüber der Gaststätte Heidekrug an der B103 im Ortsteil Quetzin. Neben der Ausstellung verschiedener historischer Arbeitsgegenstände und Zeugnisse zur Geschichte der Bienenzucht in Norddeutschland erfahren die Besucher hier viel Interessantes über das Leben der Honigbiene, der Honigproduktion, der Behandlung von Bienenstichen und über Heilmethoden mit Bienenprodukten. Auf der fast 10.000 Quadratmeter großen Museumsanlage wachsen über 300 verschiedene Pflanzenarten, die als typische Nahrungsquellen der Bienen dienen. Gleich nebenan befindet sich der **Bauernhof Reichelt** mit Hofladen, voll mit köstlichen Produkten aus der Region und vom Hof.

Durstige Bienen

AUSFLUGSEMPFEHLUNGEN:

- Auto: **Lübz** - die Stadt des einzigen Regionalbieres mit mittelalterlichem Amtsturm, Sophienstift und Kapelle sowie Ev. Kirche von 1570.
- Auto: **Karow**; Naturparkzentrum Karower Meiler, Gutsanlage, Wasserturm, Mausoleum (Entwurf W. Wandschneider) mit der Draisine nach Borkow (23 km)
- Rad: Einmal um den **Plauer See**: Plau - Stuer - Sukow - Lenz - Alt Schwerin - Karow - Plau (40 km)
- Fußwanderung, ca. 10 km: **Lehmmuseum** Gnevsdorf und **Wangeliner Garten** in Wangelin (mit Café). Wanderung: Wangeliner Garten Im Ort Wangelin, 13 km südlich von Plau am See, befindet sich der naturnah gestaltete Kräutergarten. Der Wangeliner Garten gewährt einen kleinen Einblick in die Vielfalt der Pflanzenwelt. In neun Abteilungen erfährt man Wissenswertes über die Geschichte unserer Kultur-

pflanzen sowie die Nutzung der Wildpflanzen. Neben Heilpflanzen wachsen hier Duft-, Färber- und Zauberpflanzen. Es gibt einen Schmetterlingsgarten, einen Bauerngarten und eine Streuobstwiese. Die Gebäude aus Stroh und Lehm entstanden in Zusammenarbeit mit der benachbarten Bildungsstätte für Lehmbau. Übernachten kann man im Strohballenhaus, im eigenen Zelt oder im Wohnmobil. Im Gartencafé kommt die Vielfalt des Gartens frisch auf den Tisch. Hofladen und Naturspielplatz runden das Angebot ab.

- Im Umbau befindet sich das Feriendorf (2023)
- **Kletterpark** am Klüschenberg mit Barfuß-Erlebnispfad in Plau am See
- Wassersport-Tipp: Hafen, Liegemöglichkeiten, Service, Wassersportschule, Charter-Möglichkeiten und **Tauchschule**
- **Schiff:** Vom Stadthafen in Plau am See fahren Linienschiffe: Weiße Flotte nach Waren (Müritz); Blau Weiße Flotte: Rund- und Tagesfahrten

Wer Plau am See in südlicher Richtung verlässt, wird einige Namen lesen können wie **Burgsee**, **Appelburg**, **Wendenburg** etc. – alles Hinweise auf die alte Geschichte der Gegend.

Außer einigen Burgwällen ist aus dieser Zeit leider kaum noch etwas zu finden – aber Sagen leben bekanntlich länger: *Die Sage erzählt, dass dort, wo heute der Burgsee liegt, sich einst Zinnen und Türme einer wendischen Festung erhoben haben. Glänzende Festgelage und Turniere wurden auf den umliegenden Wiesen veranstaltet. Irgendwann ärgerte sich ein mächtiger Zauberer über das ganze Treiben und ließ die gesamte Pracht in einem See versinken. Viele Jahre lang soll dann am Johannistag, mittags um 12 Uhr, eine holde Jungfrau mit einer goldenen Krone auf dem Kopf aus den Fluten eben jenes Burgsees aufsteigen. „Ihr Antlitz war so jugendlich schön, und durch den auf demselben ruhenden Schmerz und Kummer wurden die wunderschönen Züge nur noch ausdrucksvoller und anziehender. Mit heller Stimme hub sie ihren Gesang an, und der klagenden Weisen wehmütige Töne halleten weithin über Berg und Thal. Sie besang aber die frühere Herrlichkeit ihres Vaters, die der See verschlungen.“*

Stuer

Wer durch die stattlichen Buchenwälder an den Südzipfel des Plauer Sees gelangt ist, findet das einzige Bad der Region: **Stuer**. Entgegen vieler anderer Orte, denen diese Bezeichnung wegen ihrer guten Luft verliehen wurde, war Stuer wirklich ein Bad – die einzige Kaltwasserbadeheilanstalt im Umland.

„... Ein wunderschöner, verwunschener, nicht allzu bekannter und deshalb einsamer und unheimlicher Platz...“, bei Stuer

So richtig scheint sich diese Kur allerdings nicht durchgesetzt zu haben – jedenfalls nicht bei den Einheimischen. Fritz Reuter lässt Onkel Bräsig von seiner Kur berichten. Dessen Abscheu endet mit dem Fazit: *„Wir sind doch kein Frogg!“* (Wir sind doch keine Frösche!).

Dieses Urteil müssen wohl noch andere Mecklenburger geteilt haben – die **Badeanstalt** bestand zwischen 1845 und 1910; heute ist nichts mehr davon zu sehen. Einer der prominentesten Gäste aus diesen Jahren war zweifellos der Dichter **Fritz Reuter** ↗, der hier im Hause des Arztes Gustav Bardey, Am Seeufer 11, die Winter 1847/48 und 1868/69 verlebte. Neben einem großen Campingplatz, einer kleinen Badestelle und viel, viel Natur mit einem speziellen Wanderweg hat Stuer noch etwas anders zu bieten:

• Das **Vorwerk Stuer**. Und hier gilt es etwas zu entdecken, mit dem man hier sicherlich nicht rechnen würde – mit einer echten **Burg** bzw. mit dem, was davon noch übrig ist. Hinter dem Ortsausgang von Stuer (bitte der Ausschilderung folgen und dann das Auto stehen lassen) gelangt man auf eine malerische sumpfig-morastige Wiese. Von hier aus ist bereits der Burghügel erkennbar – im Sommer, wegen der schützenden Blätter, allerdings nur mit geschultem Auge. Am Hügel angelangt, ist anhand der Schautafel das Wesentliche über diese Burg zu erfahren: Was heute Sumpf ist, war früher ein See – weshalb die Burg von entsprechenden Fachleuten als Wasserburg eingeordnet wird. Ursprünglich wurde das selbst in seinen Ruinen noch imposante Bauwerk als Stammsitz derer von Flotow im 13. Jahrhundert errichtet. Obwohl dieses Adelsgeschlecht seit Mitte des 13. Jahrhunderts über das gesamte Müritzgebiet herrschte, war der Stammsitz kein steingewordenes Symbol landesherrlicher Pracht, sondern eher eine versteckt gelegene Fluchtburg. Trotzdem – wehrhaft war man hier auf jeden Fall: Hinter einer trutzigen Vorburg ging es via Zugbrücke über einen elf Meter breiten Graben und dann in die Hauptburg, aus der sich ein viergeschossiger Wohn- und Wehrturm erhob. Fast 20 Meter davon ragen noch heute in die Höhe. Mehr als 300 Jahre residierten die Flotows hier, bis die Burg wohl zuerst 1648 und dann endgültig 1660 niederbrannte. Ein wunderschöner, verwunschener, nicht allzu bekannter und deshalb einsamer und unheimlicher Platz.

Ein besonders besuchenswertes Ausflugsziel ist der **Bärenwald Müritz**. Hier finden Bären eine neue Heimat, die aus nichtartgerechten Verhältnissen gerettet wurden. Braunbären in kleinen Wanderzirkussen oder ande-

Hier darf der Bär in die Natur – im Bärenwald Müritz bei Stuer

ren viel zu kleinen Pferchen fristen ein bedauernswertes Leben. Der Bärenwald Müritz bietet diesen Bären einen Lebensraum, der ihren natürlichen Ansprüchen entspricht. Hier können Bären ihr natürliches Verhalten wiederentdecken und ausleben. Es geht also nicht um Nachzüchtung oder gar das zur Schaustellen eingefangener Wildtiere. Beim Spaziergang durch den Wald kann man die Tiere mit respektvollem Abstand beobachten und erfährt auf Schautafeln mehr über ihr Schicksal.

Im Ort befindet sich der heute noch so genannte **Galgenberg**, der tatsächlich auch Richtstätte war – wie eine Sage belegt:

„Als noch die Flotows im Besitz der umliegenden Güter waren, wurden einmal zwei Pferdediebe gefangen. Denen wurde nach der damaligen Sitte alsbald der Prozess gemacht. Auf dieses Verbrechen stand als Strafe das Erhängen. Am Abende vor dem Tage, an welchem die beiden Diebe in früher Morgenstunde auf dem Stuer Galgenberg aufgeknüpft werden sollten, begab sich der Pastor des Dorfes zu ihnen ins Gefängnis. Obgleich auch beide Verbrecher als ein Paar schlechte und starrsinnige Menschen allgemein bekannt und verrufen waren, so gelang es doch dem Pastor, sie durch seine eindringlichen Worte und Ermahnungen zur Reue und Buße zu bringen, so dass er, als er sie verließ, den beseelten Glauben mit sich nahm, ein Paar Seelen gerettet und sie dem Herrn wieder zugeführt zu haben. Bald aber schon sollte der brave Mann enttäuscht werden; denn wer beschreibt wohl das Erstaunen und den Schreck desselben, als er des Nachts plötzlich durch ein starkes Klopfen an den Fensterläden seiner Schlafstube geweckt wurde und auf die Frage: was es denn da draußen gebe, aus dem Munde des einen der am Abende von ihm zum Tode vorbereiteten Pferdediebe, die höhnische Antwort bekam: „Herr Pastuhr, ick woll Sei blod seggen, wovan wie gistern schnackt hebben, ward nicks van!“ – Man hatte nämlich, als der Prediger die Gefangenen verlassen, dieselben während der Nacht getrennt und jeden einzeln eingesperrt und es war nun dem Einen gelungen, sein Gefängnis zu erbrechen und so-

mit zu flüchten. In den hohen Fichten versteckt, sah der Dieb am nächsten Morgen dem letzten Gang seines Kumpans zu, lachte nur teuflisch über dessen Todesangst und Noth und anstatt denselben zu bedauern, murmelte er nur ein „Glückliche Reise, Galgenkamerad". Nachdem der Zug an ihm vorüber war, sprang er vom Baum und statt Gott für seine Rettung zu danken, freute er sich boshaft, den Priester getäuscht zu haben. Aber seine Schändlichkeiten und Spöttereien sollten nicht ungestraft bleiben; nach längerer Zeit wurde er bei einem anderen Diebstahl wieder ergriffen und wiederum zum Tode verurteilt. Es gelang ihm diesmal nicht wieder zu entfliehen, denn bald sah man seinen entseelten Körper an einem anderen Galgen hängen! Wer also einmal die Tour nach Stuer macht, dem werden gewiss die großen Fichtenbäume auffallen, denn es gibt wohl wenige im lieben Vaterlande, die eine solche Höhe und Größe erreicht haben. Möge man sich dann beim Betrachten dieser ehrwürdigen Bäume, zugleich der vorstehenden Sage erinnern."

Fachwerkirche in Stuer, 1717 errichtet.

Der Pastor dieser Sage dürfte in der heute noch erhaltenen **Kirche** des Dorfes gewirkt haben und sich wie wir Heutigen an dem Schnitzaltar von 1500 (Kreuzigung im Mittelschrein und die vier Evangelisten auf den Flügelrückseiten) erbaut haben.

Stillleben mit Segelboot am Plauer See

Suckow und Zislow

Nach der Besichtigung des **Stuerschen Megalithgrab**es (am Berg hinter der Dorfkreuzung) geht es um den See herum Richtung Norden, über **Suckow** nach **Zislow**. Diesen Weg kann man über eine Straße mit dem Auto, aber auch per Rad über einen ausgebauten Radweg erreichen. In beiden Dörfern gibt es **Reitmöglichkeiten**.

• Zislow besitzt überdies eine **Fachwerkkapelle** aus dem 18. Jahrhundert, mit Glocke (von 1874) und einen **Strand** mit Restaurant und Blick über den Plauer See. Zislow verfügt über einen kleinen, aber feinen **Sportboothafen**.

Lenz

Vor **Lenz** gelegen, sieht man von hier aus sehr deutlich die Burg und den Kirchturm von Plau ↗, die Halbinsel Plauer Werder ↗, Alt Schwerin ↗ und zwei Campingplätze. Obwohl das Dörfchen in keinem kulturhistorischen Reiseführer erwähnt wird: Hier stand ab 1448 die Burg Lenzke (= Burg im Sumpf), deren Fundamente erst im 19. Jahrhundert beim Bau des Lenzer Kanals „stör-ten". Heute verbindet der 1836 gebaute Kanal den Plauer See mit dem Petersdorfer, Malchower, Fleesen- und Kölpinsee ➚ bis zur Müritz ➚. Also ein idealer Platz für einen Hafen.

• Der **Lenzer Hafen** bietet von der führerscheinfreien Bootsvermietung, über den Motoryachtcharter, Restaurant- und Appartementvermietung bis zu Caravanstellplätzen.
Förmlich aus einer malerischen Kulisse gerissen, mitten hinein in die Hektik unserer Zeit – so fühlt sich, wer sich jetzt Richtung Alt Schwerin ➚ wendet: Wenige Meter entfernt rast der Autoverkehr über die A 19 Richtung Rostock.
Der Druck des Alltags kann dann aber schnell abgeschüttelt und ganz tief in die Geschichte der Region eingetaucht werden.

Alt Schwerin

Hier in **Alt Schwerin** wird Geschichte lebendig. So lebendig, dass sie auch ihre weniger beschaulichen Seiten nicht verschweigt.

• Doch zuerst zum Dörfchen selbst, denn das blickt auf eine lange und wechselvolle Geschichte zurück: Eine erste urkundliche Erwähnung findet sich bereits im April 1289. Hier wird die Übereignung des Zehnten aus mehreren Dörfern um Waren beurkundet. Der heute gültige Name Alt Schwerin wurde damals noch nicht verwendet – hier wird noch „Zwerin" geschrieben, ein Name, der auf ein altes slawisches Heiligtum hindeuten soll. Von diesem fehlt jede Spur, dafür weiß man, dass der heute gebräuchliche Name im 16. Jahrhundert eingeführt wurde. Bis ins 17. Jahrhundert hinein besaß die Familie von Gamm den Ort, später folgten dann verschiedene namhafte adlige Familien, bis es dann 1899 für die Summe von 1.335.000 Mark erstmals an einen Bürgerlichen verkauft wurde. Aus dem Besitz des Berliner Großkaufmanns Johann Schlutius wurde dann 1952 die Landwirtschaftliche Produktionsgenossenschaft (LPG) „Theodor Körner". Heute bietet der Ort dem interessierten Touristen gleich mehrere Sehenswürdigkeiten – und so sollte man sich auch wirklich viel Zeit nehmen, diese für sich zu entdecken.

Beginnen wir mit dem umfangreichsten Pensum – dem 1963 gegründeten **Agrarhistorischen Museum „Agroneum"**. Auf dem riesigen Gelände sind neben vielen technischen Exponaten wie Landmaschinen (u. a. Traktoren) auch eine ganze Reihe von Schaustücken zu sehen, die das ländliche Leben des 19. und 20. Jahrhunderts beleuchten.

Blick auf das Gelände des Agroneums in Alt Schwerin

Zum besseren Nacherleben wurden hier unter anderem eine Schnitterkaserne (ärmliche Unterkunft zumeist polnischer Wanderarbeiter) und ein typisches Klassenzimmer einer dörflichen Einklassenschule (erste bis achte Klasse wurde in einem einzigen Raum unterrichtet) eingerichtet. Viele der Dokumente zeigen den bisweilen schockierenden Umgang der Gutsbesitzer mit ihrem Eigentum „Menschenware".

Wesentlich beschaulichere Einsichten vermittelt da die gotische **Dorfkirche** oder ein Spaziergang durch die beiden unter Denkmalschutz stehenden **Parks**.

• Zu einem dieser gehört neben gut erhaltenen mittelalterlichen Burgwallresten auch das **Gutshaus** – ein schlichter Neo-Barockbau von 1918. Das prächtige Tor zu dem Gutshaus stammt vom Gut Vollratsruhe und erhielt auf der Weltausstellung in Chicago anno 1893 den Sonderpreis für handwerkliches Können – stellt also eine echte Spitzenleistung mecklenburgischer Schmiedekunst dar und steht heute in Alt-Schwerin.

• Alt Schwerin vorgelagert ist die Halbinsel **Plauer Werder** – hier stand ebenfalls einmal eine Burg, deren Mauern aber schon längst abgetragen wurden. Heute gibt es hier einen **Ferienpark** mit dem dazugehörigen Serviceangebot (Essen, Trinken, Spiele), einem **Zeltplatz** und einem **Badestrand**. Hier hat man wieder einen wunderbaren Blick über den gesamten Plauer See – einschließlich dem gegenüberliegenden Quetzin ↗.

Alt Schwerin – die gotische Dorfkirche

Quetzin

Hier soll einmal ein Slawen-Zentrum bestanden haben; die Inselburg wurde zwischen 1160 und 1164 während der Kämpfe zwischen den deutschen Eroberern und Slawen niedergebrannt. Grabungen zeigten, dass dieser Berg eine künstliche Erhöhung darstellt, die wiederum auf einer Bodenplattform steht, die als Fundament ehemals die gesamte Burganlage trug.

Wesentlich später sind hier noch andere Tragödien geschehen: *„Es war im Spätherbste. Stille und friedlich, vom Monde sanft beschienen, lag das Dorf Quetzin. Auf dem Kirchthurme hatte es soeben 10 Uhr geschlagen. Alle die thätigen Hände der fleißigen Dorfbewohner ruheten; die Lichter in ihren Wohnungen waren bereits sämmtlich verlöscht. Alles hatte sich sorglos dem erquickenden Schlafe in die Arme geworfen, um auszuruhen von des Tages Last und Müh.“ Johann, erst 12 Jahre alt, würde man heute als noch strafunmündigen Jungkriminellen und Wiederholungstäter bezeichnen („er log und betrog, stahl und raubte auf frechste Weise“ und schlug sogar seine eigene Großmutter). Nachdem der Nachtwächter die Mitternacht angezeigt hatte, huschte der Bengel aus dem Haus, in die Nacht und zündete das Dorf an – welches dann innerhalb weniger Stunden völlig niederbrannte. In den Flammen kamen viele, der vom Brand im Schlaf überraschten Dorfbewohner um. Darunter auch die Schwester und die Großmutter von Johann, dessen Schuld schnell herauskam. „Ins Feuer mit dem Teufel!“ Riefen einzelne Stimmen, und bald erscholl's im Chore nach, aus Hunderten von Kehlen: Ja, ins Feuer! Ins Feuer mit dem Niederträchtigen! Johann erbleichte, daran hatte er nicht gedacht. Bald war auf dem nahen Hügel, von wo man die ganze große Brandstätte übersehen konnte, ein hoher Scheiterhaufen errichtet. Nervige Fäuste erfassten den laut heulenden Johann, der sich ächzend am Boden krümmte und um Hilfe schrie und warfen ihn hinein in die prasselnde Glut. Hochauf sprüheten die Funken, ein kreischender Fluch des jugendlichen Verbrechers und vernichtend schlugen die hellen Flammen über seinem Haupte zusammen. Alle die Umstehenden aber warfen Steine in das Feuer, auf die Asche des Brandstifters, zum Zeichen ihrer Abscheu, ihres Ekels und Entsetzens über die schwarze That. Totenbleich und zitternd stand in weiterer Entfernung der arme, beklagenswerte Vater des Johann und sah schaudernd dem gräßlichen Schauspiele, dem Untergang seines ungerathenen Kindes zu. (...) Oh armer, armer, hartgeprüfter, unglückseliger Vater!“*

Fleesensee - Fleesenseer Land

Der Fleesensee

Der Fleesensee liegt als ein Bindeglied der Seenkette zwischen Plauer See und Müritz. Seine Ausdehnung beträgt rund 4,9 Kilometer Länge und rund drei Kilometer Breite. Die maximale Tiefe reicht immerhin 26,3 Meter auf den Grund. Seine Wasserfläche dehnt sich auf elf Quadratkilometer aus. Er ist Teil der Bundeswasserstraße Müritz-Elde-Wasserstraße. Seine Ufer fallen sehr flach ab, an mehreren Stellen gibt es Bademöglichkeiten.

Malchow

Die Stadt **Malchow** ist ein touristischer Höhepunkt der gesamten Region. Malerisch von zahlreichen Seen und Kanälen umgeben und im Ergebnis der vor ca. 16.000 Jahren ausklingenden letzten Eiszeit entstanden, beginnt die **moderne Siedlungsgeschichte** bereits Mitte des 10. Jahrhunderts – die Hügelgräber ↗ östlich des Klosters und das Hünengrab von Sparow sind dagegen Zeugen einer viel früheren, bronzezeitlichen Geschichte. Bereits im frühen Mittelalter soll sich hier ein wichtiger Haltepunkt der alten Königsstraße (via regia) befunden haben, die von Stettin, Rethra und vorbei an Schwerin weiter an die Nord- und Ostsee führte. Bei Malchow soll auch die legendäre Schlacht von Raxa

An der Drehbrücke von Malchow

Malchow – Stadtansicht

(955 n. Ch.) stattgefunden haben, mit der Otto I. die Obotriten besiegte. Aber wurden die Slawen nicht an der Recknitz vernichtend niedergemetzelt und fand Obotritenfürst Stoignew seinen Tod denn nicht irgendwo bei Laage?

• Was heute kaum noch zu erkennen ist: Malchow hatte im **Mittelalter** eine militärpolitische Bedeutung von hohem Rang. Von hier aus sollte das bis an die Ostsee reichende mecklenburgische Hinterland vor eventuellen Überfällen aus dem Brandenburgischen geschützt werden.

• Eine **Burg** – zumindest die Reste dieser **Burg Werle** – gibt es deshalb auch. Sie stammt allerdings bereits aus slawischer Zeit, wurde 1147 von Markgraf Albrecht dem Bär erobert, dann zerstört und später vermutlich wieder aufgebaut. Es gibt Quellen, die davon ausgehen, dass erst Heinrich der Löwe im Jahre 1164 die zu dieser Zeit noch slawische Burg und das dazugehörige Heiligtum zerstörte. Überreste der Burg Werle haben sich mit dem heute noch gut sichtbaren Burgwall am Ostufer des Malchower Sees, nahe Laschendorf, erhalten.

• Unstrittig ist, dass Fürst Nikolaus I. am 14. März 1235 der Siedlung das **Stadtrecht** verlieh. Heute besteht Malchow aus drei Stadtteilen: Der **Insel**, der **Neustadt** und dem **Kloster**. Vormals bestand Malchow nur aus der Insel – sicherlich ein Grund, dass sie von vielen kriegerischen Auseinandersetzungen verschont blieb; dem **Dreißigjährigen Krieg** konnte die Stadt aber auch nicht entkommen.

• Eine bittere Ironie der Geschichte: Obwohl rings von viel Wasser umgeben, wurde die Stadt gleich zweimal ein **Opfer der Flammen** – 1697 und 1721. Wegen dieser Totalverluste existieren heute keine

Häuser aus der Zeit von vor 1721 mehr. Das älteste Haus soll sich in der Kurzen Straße Nr. 13 befinden. Erst nach der zweiten, die Stadt wieder völlig zerstörenden Feuersbrunst durften die Bürger nach Erlaubnis des Herzogs Carl Leopold auf dem nördlichen Festland siedeln. Um nicht noch einmal abzubrennen, wurden mehrere Wasserstraßen durch die Insel gegraben – heute eine Attraktion für die Touristen. Die Häuser auf der Insel stehen sämtlich auf Pfählen, haben meist einen eigenen Bootssteg und einen kleinen Garten an der Rückseite.

• Im Mittelpunkt der Stadt steht der **Alte Markt** und darauf das **Rathaus**. Das Gebäude wurde 1821 erbaut und bietet eine Besonderheit – die jedenfalls in dieser Gegend einmalig sein dürfte: Im Dachgeschoss befinden sich zwei **Gefängniszellen**, in denen Malchower Bürger kurze Strafen absaßen, aber auch Landstreicher und „anderes Gesindel“ eingesperrt wurden. Wie Quellen berichten, sollen diese Zellen während der Nazi-Zeit und kurz nach Beendigung des Krieges benutzt worden sein. Ebenfalls am Marktplatz zu besichtigen: Das **Pfarrhaus** als eines der seltenen dreigeschossigen Bauten der Stadt, das **Standesamt**, welches mit dem sinnigen Giebelspruch warnt: „Hochtitdag du lustig büst, de annern Dag du sorgen mööst“ und dem ehemaligen Amtsgericht

Malchower Rathaus

(schräg vom Rathaus), in dessen – längst geschlossenem – Sitzungsaal heute das Stadtarchiv lagert. Vom Malchower Gericht wurde übrigens auch Rechtsgeschichte geschrieben: In Malchow fand 1700 der letzte **Hexenprozess** Mecklenburgs statt, der mit einem Todesurteil und der „üblichen" Hinrichtungsart endete.

Der Westen der Insel-Altstadt-Seite ist durch eine **Drehbrücke** mit dem Festland verbunden: Pro Stunde öffnet sich diese jedes Mal für 15 Minuten, um Sportboote und Fahrgastschiffe durchzulassen. Es ist immer ein kleines Spektakel, dem Vorüberziehen der Boote zuzusehen. Nachdem die Brücke im Jahr 2013 umfassend saniert wurde, untersagte die Stadt auch das Kassieren des „Brückenzolls".

Die andere Verbindung zwischen Insel und Festland besteht von der Ostseite. Schon 1287 gab es hier die „Lange Brücke" – eine Holzkonstruktion von fast 230 Metern, die Privatleute finanziert hatten, die sie dann dem Landesherrn schenkten. Der Grund war wohl weniger in der Freizügigkeit der Privatiers zu suchen, als vielmehr in den hohen Unterhaltskosten. Von diesem ging die Brücke dann in das Eigentum der Stadt über: *„In Anbetracht des Nutzens für die Bewohner des ganzen Landes und der fremden Reisenden zu ewigem Besitz"*. Das blieb auch bis zum Drei-

Wasserspaß in Malchow

ßigjährigen Krieg so. Dann – schon ziemlich in Mitleidenschaft gezogen – wurde sie von schwedischen Truppen während ihres Rückzugs aus Brandenburg völlig zerstört (1675). Erst fünfzig Jahre später wurde eine Fähre eingerichtet und 1846 dann endlich ein Erddamm aufgeschüttet. Ein Erinnerungsstein verkündet heute noch den Namen des Erbauers: Der Bürgermeister Mayer war's. Der ausschließlich von Fremden zu entrichtende Dammzoll betrug einen halben Schilling – für jedes Pferd war das Vierfache zu zahlen. Der Damm hielt fast 100 Jahre, bis seine Sprengung den Vormarsch der Roten Armee aufhalten und den Endsieg sichern sollte – mit dem bekannten Ergebnis. Heute kann der Tourist über den wieder errichteten Damm mit dem Auto fahren, zu Fuß in die Inselstadt gelangen oder in dessen unmittelbarer Nähe sein Sportboot festmachen.

Aus der Inselstadt kommend, gelangt man über den Damm auch zum **Kloster**. Auf dem Platz, an dem sich heute das Klostergelände befindet, sollen schon die alten Slawen gesiedelt haben – lange bevor sie die Insel erreichten. Auf seiner zweiten Pommernreise, 1128, rastete Otto von Bamberg in Malchow und sein Chronist beschreibt neben der Burg die Existenz eines heidnischen Heiligtums. Vermutet wird es an der Stelle, an der heute die Klosterkirche steht. Was den „Apostel von Pommern" verärgerte, legten Albrecht der Bär und „sein Heer von 60.000 Mann" später in Schutt und Asche: *„Die Städte und Dörfer steckten sie in Brand, auch verbrannten sie das Heiligtum mit dem Götzenbilde, das vor der Stadt Malchow war, mit der Stadt selbst"*, heißt es in einer Quelle. Die „Arbeit" wurde so gründlich verrichtet, dass die Nonnen von Röbel ↗, die hier 1298 ihr Kloster errichteten, davon schrieben, es auf „einer Wüstung" gebaut zu haben. Mit der Reformation änderte sich auch hier die Nutzung: Jetzt war es ein Stift für unverheiratete adlige Töchter, im Jahre 1918 wurde es verstaatlicht und seit 1935 befindet sich das Stift in städtischer Verwaltung. Neben den Stiftsgebäuden dürfte vor allem die **Klosterkirche** selbst von Interesse sein: Zwischen 1844 und 1847 im Stil einer Basilika nach den Plänen von F. W. Buttel erbaut,1888 abgebrannt und dann wieder unter Verwendung der Reste und den

Zeichnungen G. Daniels aufgebaut, beeindrucken vor allem die fünf wunderschönen Chorfenster aus einer Innsbrucker Glasmalwerkstatt. Weiterhin zu sehen: Altargemälde und Plastiken, die den oben bereits erwähnten Otto von Bamberg, aber auch den Malchower Martin Bambam und Martin Luther zeigen. Eine weitere Besonderheit der Klosterkirche dürfte auch sein, dass hier das **Mecklenburgische Orgelmuseum** untergebracht ist. Mehr als ein Dutzend Exponate zeigen verschiedene Typen und Entwicklungsperioden dieses Instrumentes. Allerdings sollten Besucher wissen, dass die Kirche im Winter geschlossen bleibt. Im ehemaligen Refektorium des Klosters ist das **Kunstmuseum** untergebracht. Es zeigt Arbeiten regionaler Künstler. An das Klostergelände schließt sich der **Engelsche Garten** an. Der ehemalige Küchenmeister des Kloster, Johann Engel, legte ihn ab 1803 an. Seine Nachfolger erweiterten ihn bis 1855. Unter dessen Eichen, Pappeln und Linden durften viele Jahre ausschließlich Stiftsdamen lustwandeln.

Nur wenige Schritte von der Klosterkirche entfernt findet sich ein in der Gegend einzigartiges Museum: **„Kiek in un wunner di“** („Komm’ rein und staune“). Die Besucher sollen in den Räumen Kurioses und Raritäten aus

Malchow – Blick zur Klosterkirche

der ersten Hälfte des 20. Jahrhunderts entdecken. Nachgebaut und ausgestellt sind eine alte Schulklasse, eine Schusterwerkstatt, eine Druckerei und unterrichtet wird über die Sittengeschichte des Wäschewaschens. In dem kleinen, liebevoll gestalteten Museum werden entsprechende Führungen angeboten – schon wegen der urigen Geschichten sollte diese genutzt werden.

Aber zurück in die Stadt. Also wieder über die Brücke, durch die Insel-Altstadt und über die Drehbrücke, gelangt man zur Güstrower Straße. Hier sind wir schon wieder mitten drin in der Historie, denn hier spielt eine Sage, in der ein ganzes Volk vorkommt, das in diesem Reiseführer bislang noch gar nicht erwähnt wurde:

Die **Mönken**. Der Grund für diese Unterschlagung ist allerdings weniger einer unvollständigen Recherche geschuldet als vielmehr der Tatsache, dass die Mönken hier nicht mehr anzutreffen sind: *„Die Unterirdischen oder Mönken haben besondere Lieblingsörter"*, weiß die alte Literatur zu berichten, *„So war es auch bei denen, die im Weiberberge an der Klosterseite zu Malchow wohnten"*. Weiter weiß der unbekannte Erzähler zu berichten: *„Ich sagte wohnte, denn längst sind sie fortgezogen nach einem Lande, wo sie ungestört ihr Wesen treiben können, ganz nach ihrem Willen. Dies Land soll Scandinavien sein..."* Die Mecklenburger haben sie also verjagt – das Volk der Mönken, in anderen Ländern auch als Gnome, Wichtel o. Ä. bezeichnet, trieben die Kleinen mal Gutes, mal ihren Spott mit den Menschen. Aber zurück zu Malchow in die Zeit, als die kleinwüchsigen Jungs noch hier wohnten:

„In Malchow war es nun zu damaliger Zeit das Haus des A... in der Güstrowerstraße, wo die Mönken besonders gerne sich aufhielten und verkehrten; und wollten sie backen oder brauen, so ging's nicht anders, als in dem genannten Hause. Einst waren sie hier wieder zu diesem Zwecke versammelt gewesen und fast graute der Morgen im Osten, als sie fertig wurden. Um nun aber schnell nach ihrer

Im Museum „Kieck in un wunner di" in Malchow

unterirdischen Behausung zu kommen, mussten sie sich über den See setzen lassen. Einige von ihnen weckten deshalb den Fährmann und baten ihn, er möge sie für eine gute Belohnung übersetzen. Dieser willigte gerne darein, denn ihm war zur Genüge bekannt, dass die Mönken im Geben nicht kärglich waren. Schnell und ohne Unfall kamen die Kleinen am anderen Ufer an. Der letzte von ihnen, der ans Land ging, schüttete seinen vollen Sack aus in die Fähre hinein und sprach: Hia is Dien Bethalung! Als der Fährmann es nun besah, waren es lauter Rossäpfel. Unwillig und laut schimpfend auf das kleine Gesindel, stieß er ihre Gabe mit den Füßen ins Wasser. Wie erstaunte er aber, als er am Tage auf der Fähre hie und da pure Goldblättchen fand, und wie sehr bedauerte er jetzt, das Geschenk der Unterirdischen nicht besser gewürdigt zu haben. Wenn der Fährmann aber später die Geschichte seinen Bekannten zum Besten gab, pflegte er jedes Mal dieselbe mit den Worten zu schließen: „Ick har riek sinn künnt, äwa ick hef´t mit die Fäut von mie stött!"

Also, der Fährmann hätte reich sein können, aber er hat es mit den Füßen von sich gestoßen – ein Grund vielleicht, warum es in Malchow heute keine Fährleute mehr gibt?

• Dafür gibt es aber die ortsansässigen **Fahrgastschifffahrtslinien**, die von Dauer und Umfang unterschiedliche Touren anbieten.

• Die Güstrower Straße verlassend zum ehemaligen „Filmpalast“, der als **DDR-Museum** Ausstellungsstücke aus dem DDR-Alltag präsentiert und in der oberen Etage das **Kinderland** mit etlichen Freizeitangeboten bereithält.

• Die **Stadtkirche St. Johannis** wurde zwischen 1870 und 1873 als neugotischer Backsteinbau, wie schon die Klosterkirche, ebenfalls nach den Plänen von G. Daniel gebaut. Bemerkenswert: eine Abendmahl-Darstellung nach Leonardo da Vinci und ein ganzfigürliches Gemälde, das den Reformator Martin Luther zeigt.

• Pfingstmontag ist deutschlandweiter Mühlentag – ein guter Grund der **Stadtwindmühle** einen Besuch abzustatten. Im Stadtgebiet von Malchow sind noch zwei der einstmals sieben Windmühlen erhalten. Neben der Achtkant-Mühle zählt die Stadtmühle zu diesen Denkmälern. Sie wurde 1843 errichtet und nach dem Ende des Mahlbetriebs 1954 verfiel sie. Später wurde der Galerie-Holländer, Eigentum der Stadt, restauriert. Heute erstrahlt sie mit ihren Flügeln in neuem Glanz und bietet ein interessantes Innenleben: In der Eingangshalle finden sich Ausstellungsstücke, eine Fotoausstellung sowie Wissenswertes zur Geschichte der Mühle. Im nächsten Stockwerk zeigt die Sammlung „Schamane – Götzen – Sagenwelt Ur- und frühgeschichtliche Spuren im Malchower Raum“ Zeugnisse der ältesten Malchower, die bei Grabungsarbeiten entdeckt wurden. Weiter oben sind Exponate der Mühlenausstattung ausgestellt. Die umlaufende Galerie eröffnet einen Blick auf die Stadt.

• Für Leute, die etwas mehr Trubel brauchen, gibt es den **Affenwald**, in welchem eine Großfamilie Berberaffen wohnt.

• Die **Sommerrodelbahn** hat eine Länge von 800 Metern und verspricht eine rasante Abfahrt.

• Ganzjährige **Eishalle**

Im Malchower Affenpark lebt eine Familie Berberaffen.

AUSFLUGSEMPFEHLUNGEN:

- Auto: Autobahn A 19 Richtung Rostock, nächste Abfahrt: Linstow (**Wolhynier-Umsiedlermuseum** erinnert an die deutschstämmigen Umsiedler aus der westukrainischen Region Wolhynien) und dann nach **Krakow am See**. Wunderschöne Seenlandschaft, ehemalige Synagoge, ev. Kirche mit Kastenchor von 1230 und „Ich weiß ein Haus am See" – allerbestes Restaurant der gesamten Region.
- Rad: Durch den Malchower Forst zum Steilufer von **Lenz**, durch den Biestorfer Forst zurück nach Malchow.
- Feldsteinkirche Poppentin, Grabmale auf dem Friedhof
- Fuß: Richtung **Alt Schwerin** bis zum Aal- und dann Krebssee und zurück durch den Malchower Forst in die Stadt.
- Wassersport: Hafen, Liegemöglichkeiten, Bootsausleihe, Fahrgastschifffahrt, Service.
- **Trabitrip**: Zurück zu den Wurzeln: Der Trabi war langsam und sparsam und man konnte ihn selbst reparieren. Mit ihm probehalber übers Land zu fahren, ist eine Erfahrung der besonderen Art.

Göhren-Lebbin

Über das Dörfchen Penkow geht die Reise weiter nach **Göhren-Lebbin**. Noch vor einigen Jahren eine fast unbedeutende Landschaft mit einem ruinösen Schlösschen und einem netten Badestrand, mutierte der Standort innerhalb weniger Jahre zu einem wahren Touristen-Eldorado. Die größte **Ferienanlage** Mecklenburg-Vorpommerns bietet alles, was das Touristen-Herz begehrt. Um den historischen, größtenteils neugestalteten Ortskern wurden fünf große Hotels gebaut. Allerhand Ferienhäuser, Pensionen und Ferienwohnungen komplettieren das Übernachtungsangebot. Selbstverständlich hat man an die Schlechtwetterzeit gedacht und das Erlebnisbad Aquafun, mit 62-Meter-Rutsche, Sauna und Fitnessstudio hinzugefügt. Ein Bienenlehrpfad lädt zum Spazieren ein und allerlei Läden zum Einkaufsbummel.

• Direkt am Fleesensee ↗ wurde eine sehr schöne und angenehm professionell geführte **Wassersportstation** aufgebaut, die über Surflehrgänge hinaus auch Cat- und Optisegeln anbietet – für Einzelpersonen und Gruppen, ohne, dass

Göhren-Lebbin – Schloss Blücher

der Aufenthalt in einem der Hotels zwingend wäre.

• Das historische Zentrum der gesamten Anlage ist das **Schloss Blücher**, ein neobarocker Bau, den Freiherr von Thiele-Winkler nach 1914 erbauen ließ – nachdem der Vorgängerbau aus der ersten Hälfte des 19. Jahrhunderts abgerissen wurde.

• Der Ort ist von insgesamt fünf **Golfplätzen** umgeben: drei 18-Loch und zwei Neun-Loch-Plätze. **Reiten** und **Tennis** spielen kann man auch.

Der ungewöhnliche Name **„Göhren"** soll übrigens mit einem Ereignis auf der Werleburg zusammenhängen: Ein slawischer Fürst sollte nach der Eroberung der Malchower Burg durch Heinrich den Löwen gehängt werden. Als letzten Wunsch erbat sich dieser, dass seine Familie verschont werden solle. Heinrich der Löwe versprach das und gab der Frau und den Kindern einiges Land. Die Kinder – also die Göhren – erhielten einen eigenen Anteil, eben jenen, der heute noch so heißt: Göhren.

Damerower Werder

Beschaulich geht es dann einmal über den Fleesensee in nordöstlicher Richtung zu – auf dem **Damerower Werder** (vom Slawischen für Eichenwald abgeleitet). Der Müritzfischer **Fischerhof** bietet nicht nur köstliche Fischgerichte vor Ort, man kann auch zubereiteten Fisch mitnehmen.

Auf dem Damerower Werder – Wisentkuh mit Kalb

Auf dieser Halbinsel befindet sich seit 1957 ein einzigartiges Tierreservat. Auf 320 Hektar leben die Nachkommen des europäischen Urrinds. Die schwarzbräunlich gefärbten **Wisente** waren bis ins 10. Jahrhundert in Europa verbreitet, aber 900 Jahre später fast vollständig ausgerottet: Bis zu Beginn des Ersten Weltkrieges lebten noch 26 Tiere in Polen. Von der hungernden Bevölkerung und Soldaten einfach aufgegessen, überlebten genau drei Tiere. Von diesen zwei Kühen und einem Bullen wurde dann durch polnische Zoologen wieder eine kleine Herde gezüchtet. „Pumik“ und „Puella“ durften schließlich im Jahre 1958 nach Damerow reisen. Lag es nun an der Idylle oder an der wissenschaftlichen Betreuung durch den bekannten Berliner Tierparkdirektor Prof. Dr. Dathe, ein Jahr später kam „Dagmar“ zur Welt. Zusammen mit „Herodes“ wurde in den kommenden Jahren eine neue Population aufgebaut und damit das Urrind vor der Ausrottung bewahrt. Heute leben hier drei Herden. In den Schaugehegen bekommen die Besucher bei täglichen Fütterungen um 11 und 15 Uhr einige Tiere zu sehen und ein paar Erläuterungen. Noch mehr Wissenswertes wird im Informations- und Empfangsgebäude vermittelt. Eine Ausstellung präsentiert Informationen zu einheimischen Wildtieren, zeigt Präparate und einen Film über das Semireservat.

Jabel

In **Jabel** befinden sich ein Campingplatz, Ferienwohnungen, ein Restaurant und ein Yachthafen. Die **Kirche** von 1868 wurde auf den Resten des Vorgängerbaus errichtet. Die alte **Eibe** beeindruckt mit 4,35 Metern Stammumfang. Unter diesem Baum hat schon der Dichter Fritz Reuter gesessen – wahrscheinlich neben seinem Onkel Ernst, der in Jabel als Pastor tätig war. Der Sage nach sollen beide im Schutze des Baumes oft einen guten Schluck zu sich genommen haben – wohl auch einen zu viel – auch ist es wegen des hohen Kohlenmonoxidausstoßes nicht ganz ungefährlich unter einer Eibe zu sitzen. Möglicherweise nahm Fritz Reuter das als Ausrede für sein Unwohlsein nach den Gelagen, vermutet ein Biograf.

Unmittelbar nach dem Dorf Jabel, dessen Name sich übrigens vom Altpolabischen ableitet und so viel wie wilder Apfel bedeutet, erreicht man **Nossentin**. Hier öffnet sich dann das **Naturschutzgebiet Nossentiner/Schwinzer Heide**.

AUSFLUGSEMPFEHLUNGEN:

- Auto: Von Jabel nach Ulrichshusen (Burg und Festspiele Mecklenburg-Vorpommern)
- Rad: nach Neu Gaarz (rund um den Tiefen See), Alt Gaarz, Müritzkeramik
- Wassersport: Fleesensee und Kölpinsee – Fahrgastschifffahrt und über den Reeckkanal - Zugang zur Müritz

Die Müriz

„Hoffentlich geht es Ihnen gut. Sollte aber umgekehrt Ihre Gesundheit einer Aufbesserung bedürfen, so kann ich Ihnen auf der ganzen Gotteswelt keinen besseren Platz empfehlen... Die Luft ist wundervoll, und je nachdem der Wind steht, bin ich auf unserem Balkon von einer feuchten Seebrise oder von der Waldseite her von Tannenluft und -duft umfächelt." (Theodor Fontane, 28.08.1896)

Der berufsmäßige Wanderer durch die Mark Brandenburg war überhaupt ein großer Freund und Kenner der **Müritz**: *„Die Müritz ist nämlich so was wie ein Meer, wie der Viktoria-Njanaza oder der Tanganjika"*, heißt es in einem Brief und *„ein prächtiges Stückchen Erde"* sei es auch.

Wir nähern uns dem 117 Quadratkilometer großen Binnensee von Waren. Zuvor noch einmal kurz etwas zum See selbst: Der größte Binnensee Deutschlands ist in das „Land der 1.000 Seen" eingebettet. Fast das gesamte Ostufer gehört zum Müritz-Nationalpark ↗. Die Müritz ist insgesamt 29 Kilometer lang, 13 Kilometer breit und an der tiefsten Stelle beträgt die Entfernung zum Meeresboden ziemlich exakt 33 Meter. Doch Vorsicht – es liegen im Wasser auch eine ganze Reihe von Steinen, die schon ziemlich große Löcher in die Boote unaufmerksamer Kapitäne gerissen haben. Wenn hier von Entfernungen zum Meeresboden gesprochen wird, ist das insofern keine Übertreibung, da das Wort „Müritz" sich von „morcze" ableitet; also der slawischen Bezeichnung für „Kleines Meer". Entstanden ist der See vor ca. 12.000 Jahren in der letzten Weichseleiszeit.

Herbststimmung an der Binnenmüritz bei Waren

In dieser Zeit sind auch die wunderschönen **Bernsteine** in die Region gekommen – importiert mit dem Eis aus Skandinavien. Um das „Gold des Nordens“ ranken sich viele Geschichten und Sagen. Eine soll hier kurz erwähnt werden: *Einmal entdeckte eine Nixe einen haushohen und wunderbar reinen Bernstein, den sie mit in ihr Schloss auf dem Grund der Müritz nahm, um ihn dort vor den habgierigen Menschen zu verstecken. Nähert sich nun jemand dem Schloss oder fährt mit seinem Schiff darüber, so wird derselbe stundenlang und wie von Geisterhand festgehalten. „Und wie sie dann endlich erst nach langem, vergeblichen Anstrengungen und Bemühungen, nach vielen Bitten, Beten und Weinen, schweißtriefend und todesmatt wieder losgekommen sind“, heißt es in einer alten Quelle, da wurde dem Skipper solche Angst eingejagt, dass er die Stelle für immer meiden würde. Sucht aber jemand nach dem Schloss und fährt ganz bewusst über diese Stelle, so wird er sofort in die Tiefe gerissen und ertrinkt jämmerlich.*

Waren (Müritz)

An der nördlichen Spitze der Müritz liegt das Soleheilbad (seit 2012) Waren. Wie in keiner anderen Stadt an der Müritz hat sich das äußere Erscheinungsbild Warens seit der Wende verändert. Fast 10 Mio. Euro wurden in den Um- und Neubau des **Hafen**s investiert. Moderne Anlegemöglichkeiten für Freizeitskipper wurden geschaffen, neue **Liegeplätze** entstanden und eine große **Appartementanlage** direkt am Wasser „hochgezogen“. Südlich des Zentrums befindet sich der Stadthafen, es gibt ein Kurzentrum, einen Kurpark, Hotels und Campingplätze.

• Aber zur **Historie**: Viele Grabungen und Funde beweisen, dass hier bereits in der ältesten Menschheitsgeschichte gesiedelt wurde. Ein genaues Stadtgründungsdatum ist nicht überliefert. Sollte einmal ein Beweis für die Stadtrechtsverleihung existiert haben, so ist dieser, wie alle Dokumente, während der Stadtbrände im 16. und 17. Jahrhundert verloren gegangen. Der bereits zitierte englische Reisende Thomas Nugent schreibt 1766: *„Waren ist ein mittelmäßiges Städtchen, liegt aber an einem vortrefflichen See. Es soll seinen Namen von den alten Warinern* *haben, die nach der Meinung einiger Schriftsteller die Ufer des Warnow-Flusses unweit des Müritz- und Kölpinsees bewohnten. Man weiß die Zeit nicht, wann dieser Ort erbaut worden, indessen ist er sehr alt. Im Jahre 1699 brannte er fast ab, hat auch seit der Zeit sich nicht wieder ganz erholen können. Wie ich hier nichts Merkwürdiges vorfand, ging ich in mein Quartier."* Ganz so langweilig ist es nun wirklich nicht in Waren, dass man nach seiner Ankunft gleich zu Bett gehen sollte. Abgesehen davon, dass sich Waren vom altpolabischen Wort „Varin(a)" = wallendes Wasser oder nach dem germanischen Stamm der Warnen ableitet, soll die Stadt entweder in der Regierungszeit Nicolaus I. von Werle (1232–1272) oder Fürst Heinrich Borwin II. (1218–1226) gegründet worden sein. Die Überlieferung von Waren beginnt mit dem Land (terra) Warne 1218.

- In dieser Zeit soll auch die **Georgenkirche** gebaut worden sein, die damit der älteste Bau der Stadt ist und auf dem höchsten Punkt der Stadt steht. Ebenso wie die neugotische Einrichtung stammt auch der Chor aus den Jahren einer gründlichen Rekonstruktion.
- Ein **Altes Rathaus** besitzt Waren natürlich auch – das spätgotische Gebäude am **Alten Markt** ist der älteste Profanbau Warens und stammt im Kern aus dem 14. Jahrhundert.
- Wo es ein Altes Rathaus gibt, muss es auch ein neues geben – jenes **Neue Rathaus** steht auf dem **Neuen Markt** und stammt aus der Mitte des 19. Jahrhunderts. Das im Stil der englischen Tudorgotik errichtete Gebäude ist von einigen typischen Giebel- und Trau-

Der Neue Markt in Waren (Müritz)

fenhäusern aus dem 18. und 19. Jahrhundert umgeben und beherbergt das Stadtgeschichtliche Museum. Hier befindet sich auch das **Haus des Gastes** mit der **Löwen-Apotheke**, ein sehr schönes Fachwerkhaus von 1800.

Das Rathaus, oder vielmehr einer der dort residierenden Bürgermeister, ist auch Gegenstand der bekanntesten Warener Geschichte: Die **Sage** vom äußerst unbeliebten Bürgermeister Hans **Hörnig** kennt in der Stadt jedes Kind – und sollte wohl auch eine Warnung für heutige Politiker sein. *„Hörnig war ein gottloser Mann, parteiisch, ungerecht und grausam gegen Jedermann. Kurz und gut, Hörnig schaltete und waltete mit übertriebener Härte und Strenge, ohne Rücksicht auf Recht und Gesetz..." Die Bürger beschwerten sich sogar bei ihrem Herzog über dieses Verhalten. Der Landesvater ließ sich allerdings so lange Zeit, bis sich das Problem von alleine gelöst hatte – Hörnig starb eines natürlichen Todes. Seinen Seelenfrieden bekam er aber nicht und quälte seine Mitmenschen auch weiterhin. „Schon hatte man, als alle Mittel und Wege erschöpft waren und nichts zum erwünschten Ziele führen wollte, alle Hoffnung aufgegeben, die Stadt von diesem Quälgeiste zu befreien, da hörte man zufällig von einem ganz ausgezeichneten Geisterbanner, der im Lande Sachsen wohne. Dieser sollte, so sagte man, ganz besonders mächtig und ganz unfehlbar sein, nichts sollte seinen Beschwörungen widerstehen können; denn stets habe er auch die allerärgsten Geister eingefangen und zur Ruhe gebracht." Der Beschwörer wurde auf der Stelle engagiert und nahm seine Arbeit auch sofort auf. „Und richtig, seine Kunst war probat; was all den anderen vielen Geisterbannern vor ihm nicht glücken wollen, gelang ihm schon nach Verlauf einer kurzen Zeit. Mit dem Geiste des bösen Bürgermeisters im Sacke trat der kluge Sachse alsbald wieder aus dem gefürchteten Hause und fragte lächelnd, wohin er seinen Gefangenen jetzt bringen sollte, um ihn dort für ewig festzubannen." Man entschied sich dann, den bösen Geist auf Schweinewerder, unweit von Eldenburg, zu entsorgen. „Doch damit der unruhige Geist sich nicht allzu sehr langweile", so der praktisch veranlagte Sachse, wies ihn der Geisterbanner an, in Zukunft Feuersteine zu klopfen, was er denn eben-*

falls immer fleißig gethan hat." „Auch jetzt noch", geht die Geschichte zu Ende, „wirthschaftet und spukt der also gebannte Geist des bösen Bürgermeisters Hörnig umher und klopft noch immer fleißig Feuersteine, was man häufig hören soll; die Leute sagen dann: Hürt, Hörnig kloppt all werra Führstein!"

Waren – Hafen mit Speicherhäusern und der St.-Georgen-Kirche

• Neben der bereits vorgestellten St.-Georgen-Kirche besitzt Waren noch ein weiteres Gotteshaus – die einschiffige gotische **St.-Marien-Kirche**. Vor 1333 erbaut und aus der ursprünglichen Burgkapelle der Fürsten von Werle – Waren hervorgegangen, brannte die Kirche im Dreißigjährigen Krieg völlig aus und überstand die nächsten 100 Jahre als Ruine. Dann wurde St. Marien nach den Plänen des Barockbaumeisters Johann Joachim Busch wieder aufgebaut. Auch die schlichte, klassizistische Innenausstattung stammt vom Ludwigsluster J. J. Busch, der in Waren auch als Architekt von Wohnhäusern in Erscheinung trat (Lange Straße 22 soll nach seinen Plänen gebaut worden sein). Auf den Hofbaurat geht auch der Helmaufsatz mit dem Schwan auf der Spitze zurück.

• Aber J. J. Busch war nicht der einzige Hofbaurat, der in Waren gewirkt hat. Das heute unter Denkmalschutz stehende **Gymnasium** wurde nach den Plänen von G. A. Demmler, dem Architekten des Schweriner Stadtschlosses, gebaut. Hier wirkte in der Zeit zwischen 1886 bis 1922 der Heimatkundler und Sprachforscher **Richard Wossidlo**. An den unermüdlichen Sammler von plattdeutschen Reimen und Sagen erinnert eine Gedenkplakette, während sich der **Wossidlo-Gedenkstein** auf dem **Mühlenberg** befindet, von dem man wiederum einen sehr guten Blick über die Altstadt hat.

• Wie die Natur in und um die 1.000 Seen tickt, kann man im **„Müritzeum"**, dem Natur-Erlebnis-Zentrum mit Deutschlands größter Aquarienlandschaft für heimische Süßwasserarten erfahren. Mit seiner außergewöhnlichen Architektur macht es am Rande der Altstadt auf sich aufmerksam. Die interaktiven Ausstellungsbereiche basieren auf den einzigartigen hier bewahrten Naturhistorischen Landessammlungen für Mecklenburg-Vorpommern.

• Das (einzige) **Brauhaus** an der Müritz befindet sich fußläufig in Nähe der Altstadt. Hier kann man regionale Speisen und selbstgebraute Biere genießen.

• Etwas abenteuerlicher geht es im **Kletterwald** zu. Parcours mit verschiedenen Schwierigkeitsgraden laden ein, den eigenen Mut, Geschicklichkeit und Ausdauer zu testen.

• Wandert man einige Meter bis vor die Altstadt, gelangt man in das ehemalige feine Villenviertel Warens – in die **Fontanestraße**. Der Dichter wohnte tatsächlich hier – in der Villa Zwick im Jahre 1896.

• Noch ein paar Meter weiter erreicht man eine sehr schöne **Badestelle**, die auch einen herrlichen Blick über die Binnenmüritz hinüber nach **Klink** ↗ und dessen Schloss gestattet.

• Wer nicht einfach nur so baden gehen will, dem sei das traditionelle **„Müritzschwim-**

Im Müritzeum erlebt man die Natur der Mecklenburgischen Seenplatte und des Müritz-Nationalparks.

men" empfohlen: Einmal über die Binnenmüritz – jedes Jahr in der 1. Augustwoche; und das mit über 600 Leuten.

• Die **„Freilichtbühne Waren"** lädt zu verschiedenen Veranstaltungen ein. Aber zwischen Juli und August geht es hier in der eigens für diese Bühne konzipierten **„Müritz Saga"** um das Schicksal der fiktiven Familien Warentin in der Zeit des Dreißigjährigen Krieges. Die Müritz-Saga agiert ähnlich erfolgreich wie die Störtebeker-Festspiele auf Rügen. Die zwischen Zorro und Robin Hood angesiedelten Stücke, begeistern sowohl Kinder, Jugendliche als auch Erwachsene und sind von mittwochs bis sonntags zu erleben.

• Zwischen Ende Oktober und Mitte März gibt es eine abendliche **Stadtführung**. Jeden Freitag ab 18 Uhr wird der besondere Reiz der beleuchteten historischen Altstadt, ihrer Geschichte, Geschichten und Geschichtchen erzählt.

• Stadtführungen mit historischen Personen gibt es tagsüber von April bis Oktober.

AUSFLUGSEMPFEHLUNGEN:

- **Müritz-Nationalparkbus**: www.mueritz-rundum.de Mit Bus und Schiff durch den Nationalpark, ein Angebot für alle, die gerne ihr Auto stehen lassen.
- Auto: **Malchin**: St.-Johannis-Kirche, Stadtbefestigung mit Stadttoren; Museum in der Stadtmühle
- **Ankershagen**: Heinrich-Schliemann-Museum
- **Penzlin**: Alte Burg und Museum für Alltagsmagie und Hexenverfolgung in Mecklenburg
- Draisine: Waren–Schwinkendorf
- **Hohenzieritz**: Schloss und Landschaftspark, Königin-Louise-Gedenkstätte
- Rad: Abstecher in den **Müritz Nationalpark** oder nach **Ulrichshusen** (Hotel in Burg, Veranstaltungsort Festspiele Mecklenburg-Vorpommern)
- Panschenhagen: Töpfergut
- Fuß: Rund um den Tiefwarensee (ausgeschildert)
- Wassersportmöglichkeiten: Hafen, Liegemöglichkeiten, Service, Bootsausleihe, Fahrgastschifffahrt

Klink

So schön wie an der Loire – Schloss Klink

Nur fünf Kilometer von Waren entfernt und auf der lediglich einen Kilometer breiten Landbrücke gelegen, befindet sich der Ort namens **Klink**. Seit den sechziger Jahren heftig umworbenes Urlaubsziel vieler DDR-Werktätiger, beginnt seine Geschichte natürlich wesentlich früher: Funde wie Steinäxte, Pfeilspitzen und Flachgräber weisen ins Jungpaläolithikum. 1345 wird „villa Klincken"erwähnt, was den Ortsnamen erklärt: Auf den Begriff „Keil" zurückgeführt, weist der Name auf die so geformten Flurstücke hin. Nachdem der Besitz von den Familien Hahn und Pritzbuer (13. Jahrhundert), mehrmaligen Zerstörungen und Konkursen schließlich über Johann Friedrich Kähler und dessen Familie (bis 1891) übergeht, erfolgt 1889 der Verkauf an Arthur von Schnitzler. Dieser ließ hier nach den Plänen von H. Griesebach ein **Neorenaissanceschloss** errichten. Vor den vielen Ecktürmchen, Terrakottaplatten und Erkerchen fühlt man sich unweigerlich an die französische Loire versetzt. Im Inneren sind Arbeiten vom Maler **Max Liebermann** zu sehen, der hier das Dekorative pflegte. Zu DDR-Zeiten als Ferienheim genutzt, wurde der Bau nach einer umfassenden Restaurierung im Jahre 1998 wieder als Hotel eröffnet und gilt seitdem als eines der elegantesten und niveauvollsten Mecklenburg-Vorpommerns. Von hier gelangt man auch zu einem kleinen **Hafen**, Liegemöglichkeiten, Bootsverleihe sowie einem schönen **Strand**, von dem man über die gesamte Müritz sehen kann. Gastronomie im Ort.

Spaziert man Richtung Süden am Müritzufer entlang, kommt man nach Sembzin. Dort wartet das Atelier Café nicht nur mit köstlichen Angeboten für die Kuchenfreunde auf, sondern es gibt auch etwas fürs Auge: Ein Garten mit Kunsthandwerk. Ein Stückchen weiter gibt es im Müritz-Hof Knust unter anderem den Hofladenautomaten zu bestaunen.

Sietow

Auf Unbekanntes ganz anderer Art stößt man einen Ort weiter – in **Sietow**.

- Dort steht eine stattliche **Kirche**, die mit ihrem eingezogenen Feldsteinchor wohl aus der zweiten Hälfte des 13. Jahrhunderts stammen müsste. Es lohnt sich einzutreten, zumal zusätzlich Ausstellungen locken.
- Das Dorf selbst wird bereits 1273 in einer Urkunde erwähnt. Heute bietet die Fischerhütte Sietow **Frisch- und Räucherfisch** an, der bei Kennern viele Freunde findet. Wer sich nach leckerem Fisch auf den Weg zu sich selbst begeben möchte, macht sich auf den **Sietower Wandelweg**. Ausgangspunkt ist die Kirche, die Fußabdrücke weisen den Weg.
- Durch den Ausbau der Mole ist ein kleiner **Sportboothafen** entstanden. Mehrere Gaststätten, ein **Campingplatz** und diverse Ferieneinrichtungen ließen Sietow zu einem Zentrum des Tourismus wachsen.

Kirche in Sietow

Schamper Mühle

Weiter geht es auf dem Weg nach Röbel über **Schamper Mühle** kurz vor der Ortschaft Gotthun. Die Mühle, in der folgende Geschichte spielte, ist zwar längst abgebrannt, die heutige ist um einige Meter versetzt und ebenso liebevoll wie aufwendig und umfangreich saniert worden, aber die Sage ist so schaurig schön, dass sie einfach erzählt werden muss und an der Mühle auf ewig hängen bleiben wird:

Zurückflutende Truppen des großen Korsen zogen zu dieser Zeit durch Mecklenburg. Eine Gruppe dieser sogenannten französischen Marodeurs hielt vor der Mühle und verlange Unterkunft und Essen. Nachdem ihnen dies gewährt wurde – was sollten die Müllersleute auch anderes tun? – legten sich die Soldaten schlafen. „Kaum waren sie jedoch eingeschlafen, da schlich auch schon eine Schaar Männer, die draußen vor den Fenstern hierauf gewartet hatten, mit Aexten, Beilen, graden Sensen, Messern und Knitteln bewaffnet, in das Haus, um die nichts Böses ahnenden Franzosen meuchlings zu überfallen, sie zu ermorden und darnach zu berauben. (...) Wie gierige Tiger stürzten sich damit die Raubmörder auf ihre wehrlosen Schlachtopfer und die grässliche Metzelei begann. Die Unglücklichen baten flehentlich um Schonung ihres Lebens, aber umsonst...“ Einen Soldaten, den die Mörder in der Stube übersehen hatten, fanden sie dann auch noch und töteten ihn ebenfalls – trotz dessen Flehen um Gnade. „Und die Ungeheuer stießen auch ihm ihre Mordinstrumente in den Leib, dass das rothe Blut hoch gegen die weiße Kalkwand des Zimmers spritze und sie schaurig damit färbte.“ Natürlich musste sich so eine grausame Tat rächen: Der Anführer soll kurz danach unter entsetzlichen Qualen an einer unbekannten Krankheit gestorben sein und der Rest der Mörderbande wurde von den Mitmenschen „gebrandtmarkt, gemieden und mit Fingern auf sie gewiesen“. Aber was geschah mit dem eigentlichen Ort des Verbrechens? „Seit dieser entsetzlichen Menschenschlachterei ist's nun – nach Aussage vieler Leute – immer nicht geheuer im alten unheimlichen schamper Müllerhause gewesen; es hat dort oft ganz gewaltig gespukt und allerlei Geister haben in und vor dem Hause ihr schauerlich

Wesen getrieben. Die Blutflekken an der einen Wand von dem zuletzt ermordeten Franzosen sollen, trotz allen Abkratzens und Uebertünchens nicht zu entfernen gewesen und immer wieder zum Vorschein gekommen sein, weshalb die späteren Besitzer zur Verdeckung dieser grausigen Erinnerungszeichen immer einen großen Schrank davor gesetzt haben."

• Der flügellose **Erdholländer** wurde 1810 (oder 1843) erbaut und steht wie wenige Mühlen der Gegend völlig frei auf einem Mühlenberg. Der Mühlenbetrieb wurde 1964 eingestellt. Auch abends, fast sakral illuminiert, dürften sich die Gäste in den hier eingebauten Ferienwohnungen sicher und wohl fühlen. In Richtung **Zierzow** findet man auch noch ein **Großsteingrab** ↗ mit fünf Trägersteinen und aufliegendem Deckstein.

Gotthun

Um nach **Röbel** zu gelangen, gibt es zwei Wege: Den direkten auf der B 192 und den Weg über **Gotthun**. Das Dorf wurde bereits 1359 erstmals erwähnt und hat sich auf Landwirtschaft und den Tourismus spezialisiert. Des ehemalige Gutshaus wurde 1826 erbaut und fungiert als Gemeindehaus. Zwei **Campingplätze**, verschiedene Übernachtungsbetriebe und gastronomische Einrichtungen und ein wunderschöner **FKK-Strand** mit fantastischem Blick über die Müritz sorgen für schöne Urlaubstage.

Bootsfahrt auf der Müritz, im Hintergrund das Hafendorf Müritz.

Röbel

Im Südwesten der Müritz liegt die Anfang des 13. Jahrhunderts gegründete Stadt **Röbel**. Eigentlich eine idyllische Lage - in der **Stadtgeschichte** ging es allerdings weniger harmonisch zu. Im Gegensatz zu allen anderen Städten der Müritzregion gab es über Jahrhunderte kein einheitliches Stadtbild - sowohl in soziologischer als auch in baugeschichtlicher Hinsicht. Diese mittelalterliche Demarkationslinie verlief mitten durch die Stadt und ist heute noch zu erkennen. Alles begann damit, dass der Teil **Alt-Röbel**, slawischen Ursprungs, 1217 im Schutze einer Burg gegründet wurde. Die Neu-Stadt begannen deutsche Siedler erst fast ein halbes Jahrhundert später aufzubauen. Beide Teile haben natürlich auch ihre Kirchen gebaut:

Röbel – der Marktplatz

- Die Alt-Stadt hat ihre **Marienkirche** und Neu-Stadt die **Nikolaikirche**. Erstere ist ein frühgotischer Backsteinbau von (vor) 1250, der auf den Fundamenten eines alten slawischen Tempels errichtet wurde. Wie eine Sage erzählt, sollen sich deren Abbilder der „Kriegsgötzen" erhalten haben. Selbst das Aussehen ist noch überliefert: *„Die Götzenfigur hatte eine Einrichtung, sich umzudrehen und mit dem Kopf zu bewegen. Sollten daher die Fragenden siegen, so nickte der Götze mit dem Kopfe, im Gegenteil aber kehrte er sich um und zeigte den Rücken. Fast jedes Mal tra-*

fen die Vorhersagen ein und immer mehr stieg der Ruf und das Ansehen des Götzen und seiner Priester (...) Allein zu Anfang des Christenthums in Mecklenburg und bei dem ersten Aufbau der jetzigen altstädtischen Kirche wurde alles Abgöttische zerstört und ausgerottet und die genannte Kriegsgötzenfigur unten im Fundamente des früheren alten Kirchthurmes vermauert." Ob nach den Kostbarkeiten später gesucht wurde, ist nicht überliefert – auch der Turmausbau brachte keine neuen Erkenntnisse: zwischen 1848 und 1851 durchgeführt, ist der erweiterter Kirchturm jetzt 58 Meter hoch, bietet einen wunderbaren Ausblick (Öffnungszeiten an der Kirche) und bestimmt das gesamte Stadtbild. Im Inneren finden sich zwei herrliche spätgotische Schnitzarbeiten: Der Altar selbst (apokalyptische Madonna mit Heiligen) und eine Kreuzigungsgruppe.

- Die **Nikolaikirche** entstand einige Jahrzehnte später (Altarweihe ca. 1290) und ist in der Bauweise der St. Marien nicht unähnlich. Auch hier wird das heutige Bild stark von einer umfassenden Restaurierung und Sanierung bestimmt – diesmal aber aus den Jahren 1862 bis 1869. Die Pläne von A. H. Dornblüth sahen allerdings keine Turmerweiterung vor. Bemerkenswert im Inneren: Das spätgotische Chorgestühl mit seinen reichen Schnitzarbeiten, das noch aus der Kirche des 1285 gegründeten Dominikanerklosters stammt.

Erstaunlicherweise gibt es über St. Nikolai eine ganze Reihe von Sagen – die von einem spukenden Kirchenökonomus erzählen, der *„alle mittags zwischen 12 bis 1 Uhr" durch die Kirche lief, sich vor dem Altar verbeugte und dann wieder verschwand – alles natürlich nach dessen Tode! Oder dem hin und wieder stattfindenden Gottesdienst der Toten, bei dem „der Gesang der Anwesenden so geisterhaft klang, so sonderbar und schauerlich" und „die Orgel so dumpf und eigenthümlich tönte". Sehr zu Herzen geht auch eine Geschichte, die vor der Kirche spielte – auf dem heutigen Marktplatz: Es war zwar noch früh am Tage, der Wind stürmte, aber trotzdem „herrschte dennoch ein ungewöhnlich reges Leben und Treiben" in den Straßen der sonst so ruhigen und stillen Stadt. „Ein in Röbel wohnhaftes, junges adliges Fräulein, die beschuldigt war, ein Kind umgebracht zu haben, sollte heute nämlich*

MüritzTherme in Röbel

öffentlich durch das Schwert hingerichtet werden (...) Eine ungeheure Menschenmasse ist dort versammelt; sämtliche Fenster und Thüren der umliegenden Häuser sind mit Schaulustigen dicht besetzt und selbst auf einigen Dächern erblickt man einzelne Wagehälse." Kurz nach neun Uhr ist es dann soweit: „Ein weites, weißes Gewand mit schwarzen Schleifen umschließt ihren schlanken, zarten Leib; das aufgelöste, üppige Haar flattert ungezügelt und vom Winde leicht gehoben in langen, blonden Locken um Stirn und Nacken." Ob die junge Dame schuldig war oder nicht, geht aus der Sage nicht hervor – nur dass ihr Bruder noch bis zum letzten Augenblick versuchte, ihr Leben zu retten. Doch: „Grausig schwingt der Henker das blanke Mordwerkzeug und mit kräftig gewandtem Arme, einige Male über seinem Kopfe, dass es funkelnd, zischend und schwirrend die Lüfte durchschneidet; dann aber senkt er es mit Blitzesschnelle plötzlich hernieden und auf zum Himmel spritz auch schon ein hoher, rother Bluthstrahl." Aber damit noch nicht genug: Weiter weiß die Sage zu berichten: „Zugleich sprengt, herunter aus der ‚Hohen Straße' kommend, hoch zu Roß, mit Schaum und Staub bedeckt, im rasendsten Carrier, ein Ritter auf den Platz; unablässig mit der Rechten ein flatterndes Tuch schwenkend und mit fast schon ersticken der Stimme ‚Pardon! Pardon' rufend. – Es war der Bruder. Er hatte endlich die Gnade des Fürsten für die geliebte Schwester erwirkt und brachte den Befehl, dieselbe sofort auf freien Fuß zu setzen. Doch er kam zu spät, – nur eine Minute eher

Seit etwa 1466 steht eine Windmühle auf dem Burgberg in Röbel, seit 1878 ist es eine Galerie-Holländer-Windmühle.

und die Schwester wäre gerettet gewesen, denn gerade bog er um die Ecke des Marktes, als das Haupt derselben fiel." Und das Ende: „Verzweifelt und bis ins Innerste vernichtet, betrachtet er den blutigen, noch zuckenden, verstümmelten Leichnam der Theuren; dann wendet er sein Pferd und verschwindet ebenso schnell wieder, wie er gekommen."

... Spaziergänge am Ufer...

Wenn man heute auf den Markt und seine Fachwerkhäuser sieht und ein wenig Phantasie schweifen lässt – man kann sich diese Szene bestimmt leicht vorstellen.

Während in Alt-Röbel überwiegend Fischer und Ackerbauern ansässig waren, lebten in Neu-Röbel vor allem Handwerker und Gewerbetreibende. Da die „Alten" von der damals sich auf dem Mühlenberg erhebenden Burg geschützt waren, suchten die „Neuen" ihren Schutz hinter einer dicken Stadtmauer – die sie aber auch vom Alt-Stadt-Gebiet trennte. Reste dieser **Stadtmauer** sind noch heute mitten in der Innenstadt zu sehen: „Achter de Muer", Töpferwall und Große Mauer Straße. Aber es sollte noch schlimmer kommen: Durch die erste Teilung des Fürstentums Werle (1316) gelangte das gesamte Müritzgebiet an die Güstrower Linie. Bei der erneuten Landesteilung 1347 wurde Waren ↗ die Residenz eines besonderen Gebietes mit den Orten Wa-

Röbel

ren, Röbel, Wredenhagen und Penzlin. Nach dem Aussterben der in Waren regierenden Linie fiel das Land Waren wieder 1425 an das Haus Güstrow und 1436 mit dem Land Güstrow an das Haus Mecklenburg zurück. Die Trennlinie zwischen den sich damit ergebenden kirchlichen Einflussgebieten lief jetzt durch die Stadt Röbel: der nördliche Teil des Gebietes gehörte zum Bistum Schwerin, der südliche zum Bistum Havelberg – was zur Folge hatte, dass Röbel eine der wenigen Städte dieser Zeit war, in der sowohl die katholische, als auch die protestantische Konfession gepflegt wurde. Dass dies in der damaligen Zeit nicht ohne Probleme ablief, lässt sich sicherlich nachvollziehen. Zusammenhalten mussten die sonst so verzankten Bevölkerungsgruppen aber hin und wieder trotzdem: Stadtbrände suchten Röbel immer wieder heim – 1724 blieb fast gar nichts mehr stehen. So kommt es auch, dass das heute zu sehende älteste Haus vermutlich erst 1770 entstanden ist (Straße des Friedens 4).

• Knapp einhundert Jahre später war von den ganzen Zwistigkeiten nichts mehr zu spüren – durch die Schifffahrtswege des Elde-Havel-Kanals und die Anbindung an die Eisenbahn nahm das Städtchen einen bescheidenen Aufschwung, der durch den Einstieg in die sich entwickelnde **Tourismusbranche** unterstützt wurde. Aus der Jahrhundertwende (1893) stammt auch die wunderschöne **Mü-**

ritzpromenade, auf der man auch die Sportanlagen des Röbelner Segelclubs erreicht. Von hier hat man einen schönen Blick über den **Hafen** bis zur Marienkirche.

• Die Stadt bietet aber auch für weniger schöne Tage etwas: Mitten in der Stadt wird ein Spaßbad, die **„MüritzTherme"**, betrieben.

• Es lohnt sich aber auch ein kleiner Ausflug über die Stadtgrenzen hinaus: nach **Bollewick**. Hier steht die größte **Feldsteinscheune** Deutschlands, in der ein Hotel und ein Bauernmarkt untergebracht sind, in der aber auch Kulturveranstaltungen stattfinden.

AUSFLUGSEMPFEHLUNGEN:

- Auto: Über die B 198 bis **Stuer** Vorwerk dann links bis ins nahegelegene Brandenburgische – nach **Freyenstein** (Burg, Kirchen)
- Rad: nach **Wredenhagen** (alter Raubrittersitz/Burgruine, Gutshaus, Fachwerkhäuser)
- Fuß: nach **Ludorf** (Hotel im alten Gutshaus und Kirche von 1346), über **Gneve** (Steilufer und Blick über die Müritz bis nach Klink) zurück nach Röbel
  Stadtgang **Röbel** mit Bürgergarten und Heimatstuben in Haus des Gastes
- Wassersportmöglichkeiten: Wassersportzentrum, Hafen, Service, Bootsausleihe, Fahrgastschifffahrt

Bollewick – die Feldsteinscheune

Blick auf den Röbeler Binnensee

HOTEL SEESTERN

Ludorf

Auf dem Weg um die Müritz ↗ – weiter nach Süden – sollte man einen kleinen Abstecher über **Ludorf** machen: Noch nicht einmal fünf Kilometer von Röbel ↗ entfernt, direkt an der Müritz liegend, findet sich hier eine echte Rarität sakraler Baukunst: Die achteckige **Backsteinkirche** von 1346 – es existieren aber auch Hinweise, dass die Kirche 150 Jahre älter sein könnte. Im Inneren sind u. a. eine neugotische Altarwand, eine Backsteinkanzel mit Stuckreliefs von 1855, eindrucksvolle Kabinettscheiben (datiert auf 1680) und eine kunstvolle schmiedeeiserne Grufttür aus dem Jahr 1736 zu sehen.

• Gleich neben der Kirche wurden das **Gutshaus** und dessen Park wieder liebevoll restauriert. Das im Jahr 1668 als „Neues Haus" im Stil dänischer Klinker-Renaissance erbaute Gutshaus wird seit vielen Jahren als Hotel von zurückhaltender Eleganz und mit uneingeschränkt empfehlenswertem Restaurantbetrieb genutzt (Fleisch von Tieren aus der Nachbarschaft machen den „Morizanerbraten" zu einer Delikatesse). Ein Hinweis: Der stark nachgefragte „Storchentisch" ist nicht nach dem dort zu genießenden Mahl benannt, sondern wegen der Aussicht der Speisenden auf das Ludorfer Adebar-Paar. Ein Sanierungsfund ist die Holzdecke des Saals. Er besticht mit seiner schönen Deckenmalerei und wird inzwischen als Trausaal genutzt. Während der Öffnungszeiten kann er besichtigt werden.

• Wer ganz tief in die Historie der Region eintauchen will, dem seien die **sonntäglichen Führungen „1.000 Jahre Mecklenburg"** empfohlen; entlang des Müritzufers gibt es unter diesem Motto eine naturkundliche Führung zum Naturschutzgebiet Großer Schwerin und Steinhorn.

• Jeden Tag und kostenlos zu besuchen ist hingegen der wenige Fußwanderminuten entfernte frühmittelalterliche **Turmhügel** mit den darauf befindlichen Resten der Burg Morin aus dessen Burgmauern auch das Baumaterial für Ludorf stammt.

• Der Campingplatz Müritzpark Ludorf liegt direkt am Ufer der Müritz und bietet nicht nur einen kleine Badestrand, sonder auch eine Seebrücke mit Bootsanleger.

Ludorf – die achteckige Backsteinkirche

Vipperow

Weiter am Müritzufer entlang, erreicht man über **Zielow** (Badestrand, Fachwerkkirche von 1834, Jugendherberge und Flair-Hotel mit Wellnessbereich) das Straßendorf **Vipperow**. Dieses Dorf ist zweifelsohne eines der ältesten der Region. Die heute noch existierende Burgwallinsel war seit 1178 (bis ins 13. Jahrhundert) der Verwaltungsmittelpunkt des gesamten Müritzgebietes. Die verschiedensten Grabungen auf der Insel haben viele Zeugnisse aus dieser Zeit ans Tageslicht gebracht – wann der endgültige Bedeutungsverlust dieses ehemaligen machtpolitischen Zentrums einsetzte, lässt sich aber nicht sagen. Ebenso wenig wie das Datum des **Kirchbaus** – Fachleute sprechen vom Anfang des 14. Jahrhunderts. Der Feldsteinbau, in den auch Backsteinelemente gesetzt wurden, ist mehrfach restauriert worden – letztmalig 1958. Zu sehen sind **Wandmalereifragmente** aus dem 15. Jahrhundert (Weltgericht) und ein Schnitzaltar aus dem 15. Jahrhundert, dessen Flügel allerdings eine Kopie aus dem 20. sind.

Solzow

Im 1291 erwähnten **Solzow** (OT von Vipperow) ist das **Gutshaus** bemerkenswert. Nach wechselvoller Geschichte im 17. Jahrhundert von der Familie von Knuth (siehe Ludorf) erworben. Das Gutshaus, die Einheimischen sprechen vom Schloss, wurde in seiner heutigen Gestalt im Biedermeierstil des 19. Jahrhunderts erbaut und ist von einem Park umgeben. Ein charmantes Hotel mit Café und Restaurant bemüht sich um die Hausgäste. Fürs Restaurant bitte vorbestellen.

Lärz

Nach **Lärz** zieht es seit einigen Jahren mehrere Zehntausend Menschen. Mittlerweile bereits zur festen Institution geworden, entsteht Ende Juni auf dem ehemaligen Militärflugplatz das größte alternative Ferienlager der Republik. Vier Tage Ferienkommunismus – so das visionäre Lebensmotto der **„Fusion“**. Der Name ist Programm und so erstreckt sich selbiges von Musik-Gigs unterschiedlichster Provenienz über Theater-, Performance-Vorstellungen und (Kunst)Kino bis zur Installation, Inkarnation und allgemeinen künstlerischer Kommunikation.

• Lärz hat aber auch ein Dasein nach und vor den Kunst-Sommer-Festival-Freaks: Bereits 1917 wurde hier eine **Flugplatzanlage** des Kaiserlichen Heeres im Rahmen der Flugversuchs- und Lehranstalt an der Müritz installiert. Bis 1945 wurde das Gelände als Erprobungsstelle der deutschen Luftwaffe genutzt, um dann bis 1993 als Stützpunkt eines sowjetischen Jagdbombergeschwaders zu dienen. Seit April 1994 existiert hier ein ziviler **Verkehrslandeplatz**, auf dem auch **Müritzrundflüge** und **Ballonfahrten** für Touristen angeboten werden.

Mirow

Über die bereits seit Anfang des 19. Jahrhunderts bestehende Brückenverbindung gelangt man direkt nach **Mirow**. Ein Städtchen, das bereits vor Jahrhunderten gerne als Ausflugsziel gewählt wurde: Während seines unfreiwilligen Aufenthalts ritt der damalige Prinz und spätere preußische König Friedrich II. von Rheinsberg herüber, um hier dem Pfeifenrauchen und Flötenspiel zu frönen. In Erinnerung an diese glücklichen Stunden stiftete Seine Majestät das Kupfer für den Kirchturm zu Mirow (1945 ausgebrannt und 1993 in seiner ursprünglichen Form wieder aufgebaut).

Obwohl wir uns hier schon im Gebiet der Neustrelitzer Seen befinden – der Vollständigkeit halber soll der Ort aber auch kurz beschreiben werden:

- Mirow liegt am gleichnamigen See und bedeutet so viel wie „Ort des Friedens" – was sicherlich damit zu tun hat, dass hier bereits ab 1227 die Brüder des Johanniterordens ein Ordenshaus mit Kapelle errichteten. Später wurden dann Kirche, Hospital und Brauhaus sowie ein Eiskeller gebaut. Der Turm der **Johanniterkirche** ist begehbar und bietet eine weite Sicht. Eine Ausstellung klärt über die Geschichte des Johanniterordens auf. Im Jahre 1588 ließ sich Herzog Karl von Mecklenburg auf die Mirower Halbinsel ein

Schloss Mirow

Torhaus im Stil der Spätrenaissance errichten, später wurde das ganze Ensemble zur fürstlichen Residenz Adolf Friedrichs II. ausgebaut.

• Nachdem Mirow bereits 1730 von einem verheerenden Brand heimgesucht wurde und die gesamte Stadt 1742 in Schutt und Asche fiel, entstand das heute noch bestehende **Schloss**. Der Barockbau wurde zwischen 1749 und 1760 nach den Plänen von Christoph Julius Löwe errichtet. Andere Quellen besagen allerdings, dass das ursprüngliche Schloss bis in die 1770er-Jahre lediglich erneuert und erweitert wurde. Prinzessin Charlotte verbrachte am 17. August 1761 ihre letzte Nacht im kleinen Mirow. Am nächsten Tag verließ sie die Heimat – um Königin von Großbritannien zu werden. Das elf Jahre lang restaurierte Haus überrascht heute mit seinen prachtvollen Raumausstattungen des Barock und Rokoko. Neben italienischem Stuck, zarten Streublumen, friderizianischem Rokoko und einer einmaligen handgestickten Tapete sind viele weitere Kostbarkeiten zu entdecken. Den Besucher erwartet als Einführung ein moderner Ausstellungspart, der mit spannenden Geschichten und Medienstationen vom Schicksal des Schlosses, seiner Bewohner und des Herzogtums Mecklenburg-Strelitz berichtet. Gegenüber steht das 3 Königinnen Palais. Eine interaktive Erlebnisausstellung informiert zur Region und zu den drei Prinzessinnen, die hier aufwuchsen, um Königin zu werden. Sonderausstellungen, Museumsshop und Café runden das Angebot ab.

Mirow – die Brücke zur Liebesinsel im Schlosspark

Wer mit Kindern anreist, sollte an der königlichen Schatzsuche teilnehmen.

• Nach dem Schloss- und Palaisbesuch lockt die Ruhe im Park. Einem Weg folgend und eine Brücke überquerend, befindet man sich auf der **Liebesinsel**. Hier wurden die sterblichen Überreste des letzten regierenden Großherzogs von Mecklenburg-Strelitz bestattet. Adolf Friedrich VI. nahm sich 1918 aus Liebeskummer das Leben.

• In der Nähe der Johanniterkirche befindet sich die „Alte Schlossbrauerei" mit behaglichem Restaurant und Hotel inklusive Seeterrasse. Nur Bier wird hier nicht mehr gebraut. Dafür ist im Park dahinter ein nachgebauter Eiselevator zu bestaunen.

• **Ausflugs- und Linienfahrten** mit den Motorschiffen der Blau-Weißen-Flotte, Bootsanlegestellen und weitere gastronomische Angebote runden das vielfältige Angebot ab.

AUSFLUGSEMPFEHLUNGEN:

- Auto: B198 nach **Wesenberg** (Burganlage mit kleiner Heimatstube, Museum für Blechspielzeug und mechanische Musikinstrumente in der „Villa Pusteblume") über Roggentin, Zwenkow, Userin nach **Neustrelitz** (Historischer Stadtkern, Schlossgarten, Schlosskirche, Stadtkirche, Museum zur Geschichte von Mecklenburg-Strelitz.)
- Rad: **Forstbotanischer Garten Erbsland**
- Fuß: Badestrand, **Granzow**
- Wasserwandern: Etwas außerhalb von Mirow gelegen, wurde in **Granzow am See** eine sehr interessante und hervorragend ausgestattete Ferienpark-Anlage mit Ferienhäusern, Aparthotel, Restaurants, Schwimmbad, Wellnessbereich, Kinderanimation und Bootsverleih errichtet.

Rechlin

Zurück an die Müritz und damit in den Ort **Rechlin**: Nach der bronzezeitlichen Besiedlung, von der verschiedene Funde wie Äxte, Urnen und Schmuckgegenstände zeugen, wurde der Ort erstmals 1374 erwähnt. Neben dem Bau einer **Kirche**, die alte wurde 1791 abgerissen – die neue allerdings erst 41 Jahre später geweiht, geschah eigentlich nicht viel in dem Dörfchen.

Rechlin – das Luftfahrttechnische Museum

• Das änderte sich schlagartig: Während des Ersten Weltkrieges diente das gesamte Gebiet als **Testgelände** für die Luftwaffe. Unter dem Tarnnamen „Erprobungsstelle des Reichsverbandes der deutschen Luftfahrtindustrie" wurde das Gelände noch erweitert und einige umliegende Dörfer „umgesiedelt". Weniger militärisch wurde die Anlage auch genutzt: Hier fanden die Dreharbeiten zu Heinz Rühmanns „Quax, der Bruchpilot" statt. Die deutsche Fliegerherrlichkeit hatte dann aber bald ein Ende: Am 10. April 1945 zerstörte ein Bombenangriff große Teile der Anlagen – was nicht zerschossen wurde, demontierten sowjetische Truppen, die hier bis zu ihrem Abzug 1993 einen Divisionsstab ihrer Luftwaffe einrichteten. Auf diese Weise entstanden über Jahrzehnte zwei Teile des Örtchens: Ein deutscher und ein russischer.

• Heute existiert im südlich gelegenen Lärz der **Flugplatz Müritz Airpark**, von dem zivile Flieger zu Rundflügen starten. Auf diesem Gelände und auf einem weiteren etwas nördlicher gelegenen, befindet sich seit einigen Jahren das **Luftfahrttechnische Museum** mit einer Reihe von Originalen und Exponaten zur Fliegergeschichte. In Rechlin-Nord gibt es zahlreiche Bootsanlegestellen.

Bolter Kanal und Bolter Schleusen

Auf dem Weg nach Boek, der offizielle Wanderweg führt rechts am Naturschutzgebiet „Müritzsteilufer bei Rechlin" vorbei, gelangt man zur **Bolter Schleuse** und zum **Bolter**

Kanal. Dieser ist ein Ausbau eines ehemaligen Wassergrabens, den man bereits 1665 als eine Verbindung zwischen der Müritz und dem Carpsee aushob. Als man im 19. Jahrhundert ein effizienteres Wasserstraßennetz benötigte, stellte der Bolter Kanal einen Abschnitt der Wasserstraße zwischen Müritz und Berlin dar. Militärisches Interesse führte zum Bau des Mirow-Lärz-Kanals und damit 1936 zur Schließung des Bolter Kanals, einhergehend mit dem Zuschütten der Bolter Schleuse. Heutzutage sind vorzugsweise Kanuten auf der „Alten Fahrt" unterwegs.

• An der **Bolter Mühle** allerdings müssen sie umtragen. Die Bolter Mühle entstand im Zusammenhang mit dem Bau des Bolter Kanals. Sie diente nicht nur als Wassermühle, sondern regulierte auch die Wasserstände zum einen in Mecklenburg (Müritz, Elde/Elbe-Gebiet) und zum anderen in Preußen (Havel/Spree). Das ehemalige Wohnhaus des damaligen Müllers wurde in den letzten Jahren aufwändig saniert und steht als Gästehaus und Eventlocation den Touristen zur Verfügung. Das **Wasserschaurad** erinnert an den ursprünglichen Zweck der Anlage.

Boeker Mühle

Hinter dem Namen **Boeker Mühle** vereinen sich verschiedene Anbieter touristischer Übernachtungsmöglichkeiten sowie Freizeitangebote. Man kann köstliche Fischgerichte probieren oder selbst angeln.

Boek

Das „Tor" in den Müritz-Nationalpark hat sich zu einem Touristenpunkt entwickelt. Hier führt der Müritz-Radweg entlang. Der Nationalparkbus hält vor dem Gutshaus. Die **(Wasser)Mühle** von **Boek** wurde bereits 1273 erwähnt.

• Die **Kirche** des Ortes stammt aus einer wesentlich späteren Zeit: Der Backsteinbau wurde erst 1847 eingeweiht. Sie ist ausgestattet mit der ältesten Sauer-Orgel der Welt. Als offene Kirche fungiert sie auch als Ausstellungsort.

• Die meisten Besucher Boeks kommen aber wegen der südlich und nördlich gelegenen Campingplätze und Strände. Neben einigen neuen Hotels mit Pensionscharakter wird nach Abschluss der

Sanierung im **Gutshaus**, ein Wellcome-Center und eine **Informationsstelle des Müritz-Nationalparks** ↗ eingerichtet. Vor dem Gutshaus befindet sich ein Abenteuerspielplatz. Sehr gerne wird Boek auch von Wassersportlern besucht. Hier befindet sich einer der beliebtesten **Surf-Spots** der gesamten Müritzregion. In einem 80 Hektar großen **Wildpark** leben Rot-, Reh-, Dam- und Schwarzwild, das man mittels Kutschfahrt besuchen kann. Apropos Kutsche – das Kutschercafé lädt zu Leckereien in schönem Ambiente ein. Ein Fahrradverleih und eine Surfschule runden das Angebot auf dem Campingplatz ab.

Gutshaus Boek – „Welcome Center" mit Informationsstelle Müritz-Nationalpark

Speck und Federow

Dem (Rad-)Weg durch die Kiefernwälder des **Specker Forstes** nach **Speck** folgend, kann man hier einen **gelben (!) Kirchen-Backsteinbau** von 1820 bis 1825 entdecken. Lediglich von außen zu sehen ist das in Privatbesitz befindliche Specker Schloss. Ein Spaziergang zum Käflingsbergturm lohnt sich wegen der Aussicht von der Plattform auf die umgebenden Wälder aus 31 Meter Höhe. Eine Wanderung führt an vielen kleinen Seen (Specker See, Hofsee, Rederangsee) vorbei bis **Federow**. Hier steht eine **Kirche**, deren Ursprung ins 13. Jahrhundert reicht. Der frühgotische Charakter ging allerdings bei Umbauten zu Beginn des 20. Jahrhunderts verloren. Lange Zeit leerstehend, wurde hier ein besonderes Kulturprojekt initiiert: Es entstand die erste Hörspielkirche Deutschlands.

Ein schönes Bild gewährt das **Ensemble vom ehemaligen Gutspark** mit seinen alten Beständen an Eschen und Buchen und dem barocken Gutshaus vom Ende des 18. Jahrhunderts. Das Hotel bietet Zimmer in historischem Ambiente und ein Restaurant mit mecklenburgischer Küche. Die **Nationalpark-Information** bietet Führungen an, Fahrräder können geliehen werden und man kann mittels Kameraübertragung das Brutgeschehen im Fischadlerhorst beobachten. Am Ortsausgang gibt es dann noch eine 500 Jahre alte Eiche zu bestaunen. Am **Feisnecksee** vorbei gelangt man dann wieder nach Waren – womit sich die Rundreise um die Müritz schließt.

Abstecher: nach Granzin zum **Töpferhof Steuer**. (2023 geschlossen)

Landidyll in Federow

Stichwortverzeichnis

Legende

Zeichenerklärung

Eisenbahnlinie mit Bahnhof
Draisinenstrecke mit Draisinenausleihstation
Industriegleis
19 Autobahn
96 Bundesstraße
Wichtige Verbindungsstraße
Landesstraße; Fahrweg
Weg
2 Straße mit Entfernungsangabe
Siedlungsfläche
Wald, Park
Sperrgebiet
Wassersportgebiet
Aussichtsturm; Windmühle
Aussichtspunkt
Aussichtsplattform
Kulturhaus; Theater
Freilichtbühne
Kirche; Kapelle
Kloster
Schloss, Burg ; Ruine
Museum; Vorführwerkstatt
Technisches Denkmal
Schleuse
Baudenkmal
Informationsbüro
Flugplatz
Tankstelle (Auswahl)
Freibad; Schwimmhalle
FKK; Erlebnisbad
Quelle; Wassermühle
Naturparkinfo
Park; Botanischer Garten
Tierpark; Naturdenkmal

Radfernwege
Berlin-Kopenhagen
Eiszeitroute
Elbe-Müritz-Rundweg
Havel-Radweg
Meckl. Seenradweg
Müritz Radrundweg
Fähr- u. Fahrgastschifffahrt
Landesgrenze
Grenze Nationalpark
Grenze Naturpark
NSG Grenze Naturschutzgebiet
Wallanlage; Hügelgrab
Großsteingrab; Findling
102 Höhenpunkt, Berg
Funkturm; Turm
JH Jugendherberge
Campingplatz
Wohnmobilstellplatz
Sportplatz
Golfplatz; Tennsiplatz
Sommerrodelbahn
Kletterpark
Für Kfz gesperrt
Fahrradvermietung
Eislaufhalle
Bootsvermietung
Hafen; Bootsanlegestelle
Angeln; Segeln, Surfen
Kitesurfen; Wasserski
Hervorragender Baum
Krankenhaus, Klinik
Sehenswürdigkeit
Sonst. Sehenswürdigkeit

Maßstab 1 : 100 000

0 1 2 3km

Kleine Heide
Samoter See
Plumm-see
Karow
Bf
Mönch-busch
NSG Drewitzer See mit Lübowsee und Dreiersee
Guts-anlage
Mausoleum
NSG Branten-see
Naturparkzentrum Karower Meiler
"Moorochse"
Glashütte
NSG Nordufer Plauer See
Allee
Ruine Speicher Leisten
Leisten
Kastanienallee
Hofsee
Lebersee
Heidensee
Imkerei
Alt Schwerin
Hp
Agroneum
Kastanienallee
Sparow
Baum-begegnungs-stätte
Tauchowsee
Forellenzucht u. Fischräucherei
Wendorf
Jürgenshof
Aalsee
Malchow
C96
Affenwald
MALCHO
Heidekrug
Leister-lank
B010
FKK
Sonderfahrten
Quetzin
Kohlinsel
95
Plauer Werder
C90
Reha-Klinik
Plauer
West-siedlung
JH
Lenz
Heidenholz
See
Petersdorfer See
Neue H
Bf
Hubbrücke
PLAU am See
JH
Petersdorf
Waren (Mür
NSG Plauer Stadtwald
Gaarzer See
Burg-see
Plötzen-höhe
Plötzen-see
Zuruf
C75b
C75a
Großer Pätsch-see
Adamshoffnung
Schälchen-stein
Lanckenstücken
Bruch-mühle
Seelust
Appelburg
Zislow
Silbermühle
Satow Hütte
Hp
Gaarz
Klinik Silbermühle
Seen
Ruheforst
Satow
Suckow
Suckower See
Dresenow
Dresenower Mühle
Hofsee
Twietfort
Richtung Lehm-museum und Wangeliner Garten
Ganzliner Holz
Rogeezer See
Bad Stuer
Tal der Eisvögel
Bärenwald Müritz
C74
Rogeez
NSG Torfstiche Stuer
Ruine Wasserburg
Stuer Vorwerk
Bf
Ganzlin
103
19
192
16
17
198
1

Schwinzer Heide
Loppiner See
Hp
Jabel
2
Fisch-räucherei
Eibe
Nossentiner Hütte
C91
Vorderer-
Hinterer-
Kargowsee
Damerow
Blücherdenkmal
Hp Nossentin
Silz
Jabelscher See
Info Wisentreservat
Schaugatter
NSG
Schwenzin
Kunst- u. Kinokirche
Nossentin
C92
Wisentreservat
Damerower Werder
Damerower Werder
Fleesensee
Kölpinsee
NSG Blüchersches Bruch und Mittelplan
Trostfeld-Siedlung
Untergöhren
Göhren-Lebbin
Schloss Fleesensee
Werleburg
Golf u. Country Club Fleesensee e. V.
Wendhof
Malchower See
Laschen-dorf
DDR-Museum
Historische Altstadt
Orgelmuseum
Bienenlehrpfad
Grabenitz
Kirch Poppentin
Kloster
192
Penkow
Grabdenkmale
Poppentiner See
Kloster Malchow
Alpakas
Poppentin
Alt Poppentin
Roez
Forsthof Sietow
Kisserow
Mellensäule
Sietow
Neu Grüssow
Sietow Dorf
Lexow
Hinrichsberg
Zierzow
Walow
Lütt See
Walower See
Strietfeld
Kleiner Kreßinsee
Gr. Kreßinsee
Groß Kelle
Kogel
Woldzegarten
19
Gr. Keller See
Rohr-teich
120
Kulturscheune
Tangahn-see
Kroneiche
Minzow
Nordmanns-tanne
Hermeshöhe
Schälchen-stein
Gliensee
Steinfortsee
Minzower See

3
Vielist
108
WAREN
(Müritz)
Neu
Falken-
hagen
Amsee
NSG
Ostufer
Tiefwaren-
Falkenhäger
Bruch
Rügeband
Solar
Hp
Schwenzin
Hp
Tiefwarensee
Geopark
Werder-
Siedlung
Melzer
See
Warenshof
Bf
192
Müritzeum
Siedlung
Eldenholz
Eldenburg
Papenberg
Binnenmüritz
Waupacksee
Kölpinsee
Ecktannen
C99
Warener
Stadtforst-
tannen
Feisneck-
see
Warener
Stadtforst
77
Wolfskuhl-
see
barrierefrei
Wienpietsch-
seen
FKK
Schloss
Klink
Grabenitz
192
Kahler Berg
88
Schnacken-
burg
Moor-
see
barrierefrei
Warnker
See
Ziegenberg
74
Sembzin
Spukloch
Müritzho
Sietow
Dorf
Fischräucherei
FKK
C78
Sietower
Bucht
C71
Müritz
Gotthun
NSG
Großer Schwerin
mit Steinhorn
Binnensee
Großer
Schwerin
Zähner-
lank
Steinhorn
81
Marienfelde
C73
Gneve
Ludorf
C72

NSG Ostufer Tiefwaren-Falkenhäger Bruch
Meierei
Rügeband
Groß Plasten
194
4
Kl. Plaster See
Neu Schloen
Alt Schloen
Kl. Plasten
192
Geopark
Schmachthagen
Werder-Siedlung
Melzer See
Schloener Kolonie
192
Turmhügel
WAREN (Müritz)
Kargow
Schwastorf
Groß Dratow
Borksee
Godow
Papenberg
Waupacksee
Schliesee
Hofsee
Feisneck-see
Warener Stadtforst
77
Kargow-Unterdorf
Hinbergsee
Fittensee
Krummer See
Kargower Holz
Wolfskuhlsee
Hofsee
barrierefrei
Federow
barrierefrei
Hörspielkirche
barrierefrei
Fischadlerbeobachtung
Moorsee
barrierefrei
Jankersee
Warnker See
Ziegenberg
74
Schwarzenhof
Rederangsee
Rehhof
Spukloch
Mühlensee
Nietingsee
Müritzhof
Röbelscher Wold
250-jährige Kiefer
Speck
Specker See
800-jährige Sommerlinde
Binnenmüritz
Specker Horst
barrierefrei
Specker Wold
Specker Hofsee
Priesterbäker See
Käflingsbergturm
Fauler Ort
barrierefrei
Boeker Sender
Boeker Forst
Surf- und Kanubasis
Boek
C16
Gutshaus/ Nationalparkinformation
Landsee
Katamaran u. Surfschule
Amalienhof
Zartwitzer Hütte

Lexow
5
Hinrichsberg
Sietow Dorf
Fischräucherei
FKK
Sietower Bucht
C78
C71
Zierzow
Gotthun
NSG Großer Schwerin mit Steinhorn
Groß Kelle
Binnensee
Großer Schwerin
Zähnerlank
Stein
Marienfelde
Gr. Keller See
Rohrteich
C73
Kroneiche
Gneve
Minzow
Nordmannstanne
Hermeshöhe
Gliensee
Schälchenstein
St. Nikolai
Gr. Wünnow
Müritz-Therme
Ludorfer Mühle
RÖBEL (Müritz)
Wachstower See
Nätebow
Ludorfer Ausbau
Bollewick
Karchower See
Irrgarten
Die Scheune
Karchow
Solzow
Erlenkamp
Spitzkuhn
112
Mohrberg
Steindamm
Straußenhof
Schlüders Hufe
Heide
198
Kanal
Wildkuhl
Karbow
Clerowbruch
Kolkhof
70
Kambs
Friedrichshof
Milchautomat
Pribo
Demminer See
Augusthof
Melz
Grenzeiche
Melzer See
Kulturscheune
Wredenhagen
Priborner
Heide
Falknerei
Hinrichshof
Mönchsee
NSG Mönchsee
Schwalbenberg
Neukrug
Mönchshof
C70
81
Kieve
Buchholz
Rönnbergsee
Gr. Kiever See

Müritz
Binnenmüritz
Specker
barrierefrei
Specker Hofsee
6
Priesterbäker See
Wold
Fauler Ort
barrierefrei
Boeker Sender
Boeker Forst
Surf- und Kanubasis
C16
Boek
Gutshaus/ Nationalparkinformation
Land-see
Katamaran u. Surfschule
C15
Amalienhof
Zartwitzer Hütte
Fischteiche
barrierefrei
Boeker Mühle
Fischteiche
Fischteiche
Röthsee
Zartwitz
Woterfitzsee
NSG Müritzsteilufer bei Rechlin
Bolter Schleuse
Prelitzsee
Hofsee
Caarpsee
Türzsee
Zielow
Claassee
Hafendorf Müritz
Rechlin Nord
Luftfahrttechnisches Museum
Zietlitz
C20
Hofsee
Leppiner Heide
Retzsee
Leppinsee
Schillersdorf
Ellerholz
Kleine Müritz
Mossel
Erbsland
Rechlin
Kotzower Heide
Seerosenparadies
Forstbotanischer Garten Erbsland
Retzow
Wilhelmshöh
Kotzow
Gr. Kotzower See
Gaarzer Mühle
Vietzen
Binnendüne
NSG
Festivalgelände
Sumpfsee
Granzower Tannen
Granzow
Müritzflughafen
Granzower Möschen
Fliegerdenkmal
Rundflüge
Flugzeugmuseum
Niemandslust
Eierberge
72
Neu Gaarz
Müritzarm
Lärz
An der Clön
JH
Holzkirche Alt Gaarz
Im Langen Ort
C40
Mirower See
Schautöpferei
Thürsee
Müritz-Havel-Wasserstraße
C39
Schlossinsel
MIROW
Tralowsee
Lärz Ausbau
Krümmel
Mirowdorf
Bf
Schulzensee
Nebel
nach Troja
Starsow
nach Peetsch

ALLGEMEINE INFORMATIONEN
Tourismusverband Mecklenburgische Seenplatte e. V.,
Turnplatz 2, 17207 Röbel/Müritz, Tel.: 039931 / 5380
info@mecklenburgische-seenplatte.de

Wandern:
Europäischer Fernwanderweg E10, Müritz-Nationalpark Weg, Jakobsweg

Rad fahren:
- Radfernwege: D11 Route (Ostsee-Oberbayern), Berlin-Kopenhagen, Havel Radweg, Tour Brandenburg, Elbe-Müritz-Rundweg, Mecklenburgischer Seenradweg, Eiszeitroute
- Regionale Radrouten: Blaues Müritzband, Müritz-Radweg, Um den Kölpinsee und Fleesensee

Spezielle Informationen zu den im Buch erwähnten Orten in alphabetischer Reihenfolge (Auswahl):
Tourismusverbände und Touristinformationen
- **17213 Göhren-Lebbin**
  Kur- und Tourismus GmbH Göhren-Lebbin, Marktplatz 12,
  Tel.: 039932 / 82186, info@goehren-lebbin.com
- **17192 Klink**
  über Waren (Müritz)-Information oder Schloßstraße 1,
  Tel.: 03991 / 634688
- **17213 Malchow**
  Fleesensee-Touristik Malchow e. V., Kirchenstraße 11,
  Tel.: 039932 / 83186, info@tourismus-malchow.de
  Haus des Gastes „Werleburg" (Bibliothek), Bahnhofstraße 5,
  Tel.: 039932 / 81988, info@kultur-malchow.de
- **17252 Mirow**
  Touristinformation, Schlossinsel 2a, Tel.: 039833 / 27567,
  info@klein-seenplatte.de
- **19395 Plau am See**
  Tourist-Info Plau am See GmbH, Burgplatz 2,
  Tel.: 038735 / 45678, info@plau-am-see.de
- **17248 Rechlin**
  Touristinformation Rechlin, Müritzstraße 51, Tel.: 039823 / 169910,
  info@urlaub-rechlin.de
- **17207 Röbel**
  Touristinformation im Haus des Gastes, Straße der Deutschen Einheit 7, Tel.: 039931 / 80114 u. 80113, stadtinfo.roebel@t-online.de
- **17192 Waren (Müritz)**
  Waren (Müritz)-Information Haus des Gastes, Neuer Markt 21,
  Tel.: 03991 / 747790, info@waren-tourismus.de

Müritz-Nationalpark

Um den großartigen Naturreichtum Mecklenburg-Vorpommerns auch zukünftigen Generationen zu erhalten, wurden bereits vor einigen Jahren große Flächen unter strengen Naturschutz gestellt. In gesamt Mecklenburg-Vorpommern wurden drei Nationalparks, sechs Naturparks und zwei Biosphärenreservate eingerichtet.

Gerne geben die zuständigen Informationsstellen weitere Auskünfte:

- Nationalparkamt Müritz, Schlossplatz 3, **17227 Hohenzieritz**, Tel.: 039824 / 252-0, poststelle@npa-mueritz.mvnet.de
- Nationalpark-Information Boek, Gutshaus Boek, Boeker Straße 36, **17284 Boek**, zu Ostern und von Mai bis Oktober: tägl. 10–17 Uhr
- Nationalpark-Information, Damerower Straße 6, **17192 Federow**, März bis September: tägl. 10–18 Uhr, Oktober, tägl. 10–17 Uhr, Tel.: 03991 / 668849
- Nationalpark-Information Schwarzenhof, Schwarzenhof 15, **17192 Kargow**, zu Ostern und von Mai bis Oktober: täglich 10–17 Uhr, Tel.: 03991 / 63341-29

Nationalpark-Ticket: Infos unter Tourismusverband Mecklenburgische Seenplatte e.V., Tel.: 039931 / 5380, www.mueritz-rundum.de

Fahrschein für Bus, der vom 01.04.–31.10. durch den Nationalpark fährt, kombinierbar mit Schiff: → Weiße Flotte Müritz, Fahrscheine im Bus und auf dem Schiff, Rundbus Plauer See https://www.rundbus.de/de/

Naturpark Nossentiner-Schwinzer-Heide

Kultur- und Informationszentrum Karower Meiler, Ziegenhorn 1, **19395 Karow**, Tel.: 038738 / 7390-0, info-nsh@lung.mv-regierung.de,

Museen und andere Kultureinrichtungen

Öffnungszeiten an Feiertagen beachten, Stand 2023

17214 Alt Schwerin

- Agroneum Alt Schwerin, Achter de Isenbahn 1, Tel.: 039932 / 4745-0, Apr.–Okt.: täglich 10–18 Uhr, Nov.–März: auf Anfrage, info@agroneum-altschwerin.de

17219 Ankershagen

- Heinrich-Schliemann-Museum, Lindenallee 1, Tel.: 039921 / 3252; Apr.–Okt.: Di.–So. 10–18 Uhr, Nov.–März: Di. – So. 10–16 Uhr, haase@schliemann-museum.de

17248 Boek

- Gutshaus Boek mit Nationalparkinfo, in Umbau
- St. Johannis Kirche in Boek mit ältester Sauer-Orgel der Welt
- Wildpark Boek mit geführten Kutschfahrten, Tel.: 039823 / 27088, ohne Gaststätte, nur FeWo

17192 Federow

- Hörspielkirche: Juli–September, tägl. ab 11 Uhr, Tel.: 03991 / 635723

19395 Ganzlin/OT Wangelin

- Wangeliner Garten, Vietlübber Straße, Tel.: 038737 / 499878, April–Okt. ab 10 Uhr, Gartencafé April–Dez.
- Töpferhof Steuer, Tel.: 039822 / 20242, Juni, Juli, Aug. 13–17 Uhr

17194 Jabel

- Wisentreservat Damerower Werder, Dorfstraße 4, Tel.: 039929 / 76711, tägl. Feb.–8. Apr. Sa+So 10–17 Uhr, 9. Apr.–31. Okt.: tägl. 10–18 Uhr, Nov.+Dez.: samstags und sonntags 10–16 Uhr: Fütterungen tägl.: 11 und 15 Uhr

17213 Malchow

- Mecklenburgisches Orgelmuseum, Kloster 26, Tel.: 039932 / 12537, 25.03.–30.09.: Di.–So. 10–17 Uhr, Okt.: Di.–So. 11–16 Uhr
- Klosteranlage, Kloster 32–34, Tel.: 039932 / 82392, Engelscher Garten, Klosterkirche
- Kunstmuseum Kloster Malchow, Kloster 32-34, Tel.: 039932 / 82392, Apr.-Sept.: Die-So. 10-17 Uhr, Okt.: Die-So. 10-16 Uhr, Nov.+Dez.: Sa.+So. 11-15 Uhr
- DDR-Museum in Malchow, Kirchstraße 25, Tel.: 039932 / 18000, 25.03.–30.09.: Di.–So. 10–17 Uhr, Okt.: Di.–So. 11–16 Uhr
- „Kiek in un wunner di" – Kurioses und Raritäten, Friedrich-Lessen-Weg 1, Tel.: 039932 / 12602, 25.03.–30.09.: Di.–So. 10–17 Uhr, 01.10.–31.10.: Di.–So. 11–16 Uhr
- Affenwald und Sommerrodelbahn, Karower Chaussee 6, Tel.: 039932 / 18422, Apr.–Okt. tägl. 9–18 Uhr
- Eissporthalle, Schulstraße 1, Tel.: 039932 / 18270, 11.11.–19.03., montags geschlossen, Di.–Fr. + So. 14.30–17.30 Uhr, Sa.: 14.30–17 Uhr
- Stadtkirche, Stadtwindmühle, Tel.: 039932 / 81988, Drehbrücke

17252 Mirow

- Johanniterkirche Mirow auf der Schlossinsel, Tel.: 039833 / 26357
- Schlossensemble auf der Schlossinsel, Tel.:0385 / 58841863 März: Sa/So 11–16 Uhr, Apr. + Okt.: Di–So 10–17 Uhr, Mai–Aug.: tgl. 10-18 Uhr, Sept.: Di-So 10-18 Uhr
- Schleuse der Müritz-Havel-Wasserstraße, Tel.: 039833 / 20259
- Botanischer Garten Granzow „Erbsland"

17217 Penzlin

- Alte Burg Penzlin mit Museum für Alltagsmagie und Hexenverfolgung in Mecklenburg, Alte Burg 1, Tel.: 03962 / 210494 Mai–Aug.: tägl. 10–18 Uhr, Apr., Sept., Okt.: tägl. 10–17 Uhr, Nov.–März: Sa. + So. 13–16.30 Uhr

19395 Plau am See

- Plauer Burgmuseum, Burgplatz 2, Tel.: 038735 / 44375, tägl. 10–17 Uhr (Ostern bis 31. Oktober), mit Technikmuseum und Ausstellung mit Exponaten von Prof. Wilhelm Wandschneider

- Bienen-Museum und Bienenweidengarten, Plau-Quetzin, Schauimkerei und Fachhandel Bode, Rostocker Chaussee 61, Tel.: 038735/45225, Apr.–Sept.: Mo.–Fr. 10–18 Uhr, Sa. 10–15 Uhr, So. 11–14 Uhr, Okt.–März: Mo–Fr. 10–16.30 Uhr, Sa. 10–14 Uhr
- Kletterpark Plau am See, Ziegeleiweg 24, Tel.: 0171 / 9977497, Apr., Sept., Okt. Die–Do, Sa, So: 11–16 Uhr, Mai–Aug.: Die–Do, Sa, So 10–18 Uhr
- Plauer Musiksommer in der Stadtkirche St. Marien, Touristinformation, Tel.: 038735 / 45678
- Klüschenberg-Wintertheater, Burgfestspiele, Plauer Segelsommer, Plauer Musiksommer, Kunst: offen

17248 Rechlin

- Luftfahrttechnisches Museum, Am Claassee 1, Tel.: 039823 / 20424, Apr.–Okt.: tägl. 10–17 Uhr, 10–16 Uhr, Feb./März: Mo–Do: 10–16 Uhr, freitags 10–15 Uhr, Nov.–Jan. geschlossen
- Müritz Airpark Rechlin/ Lärz, 17248 Lärz, Tel.: 039833 / 22281
- Wasserschaurad und Mühlenflies, Bolter Schleuse

17207 Röbel

- MüritzTherme, Am Gotthunskamp 14, Tel.: 039931 / 87819
- Heimatstuben im Haus des Gastes, Tel.: 039931 / 80113
- St.-Marien-Kirche, Aussichtsplattform, Tel.: 039931 / 52685
- St. Nikolaikirche, wechselnde Ausstellungen
- Fachwerksynagoge, Ausstellung zur jüdischen Geschichte im ENGELschen Hof, Tel.: 039931 / 53944
- Windmühle, Veranstaltungen, Tel.: 039931 / 55317, info@KulturinRoebel.de
- Galerie „radius", in den Sommermonaten

17209 Stuer

- BÄRENWALD Müritz gGmbH, Am Bärenwald 1, Tel.: 039924 / 79118, Nov.–März: 10–16 Uhr, Apr.–Okt.: 9–18 Uhr info@baerenwald-mueritz.de

17192 Waren (Müritz)

- Müritzeum – Das Naturerlebniszentrum, Zur Steinmole 1, Tel.: 03991 / 63368-0, Apr.–Okt.: täglich 10–19 Uhr, Nov.–März: Die.–So. 10–18 Uhr info@mueritzeum.de
- Stadtgeschichtliches Museum Waren, Rathaus – Neuer Markt 1, Tel.: 03991 / 177-351, Mo–Fr. 9–16 Uhr, Sa./So./Feiertage 14–17 Uhr, a.eisermann@waren-tourismus.de
- Außenstelle Kacheltöpferei am Teschenberg, Mai bis Sept.: Di.+Do.: 14–18 Uhr Uhr, info@stadtmuseum-waren.de
- Blaues Müritzwasserhaus mit Skulpturengarten, privates Anwesen von Franz-Ullrich Poppe, Gerhart-Hauptmann-Allee 5, Öffnungszeiten nach Absprache, Tel.: 03991 / 125480, poppe-keramik@web.de

- Militärhistorisches Marinemuseum, Lange Straße 3, Tel.: 03991 / 632548280, Mo.–Sa.: 10–17 Uhr
- Mai: Müritz-Sail
- Anf. Juli bis Anfang September: Müritz-Saga, mueritz-saga.de
- 2. Juli-Wochenende: Warener Müritzfest
- Anfang August: Müritz-Schwimmen
- Kletterwald Müritz, Kameruner Weg 13, Tel.: 0172 / 6068358
- Zen Steingarten am Tiefwarensee
- Draisinefahrt Waren-Schwinkendorf, Tel.: 0172 / 3260694

17255 Wesenberg

- Burganlage mit Heimatstube, Fischereiausstellung und begehbaren Burgturm, Burg 1, Tel.: 039832 / 20621
- Villa „Pusteblume" Museum und Kaffeegarten, Burgweg 1, Tel.: 039832 / 21305, Mai–Okt.: Mi–So 14.00–17.00 Uhr, Mo und Die geschlossen
- Hausbrücke in Ahrensberg, ca. 4 km von Wesenberg, Findlingsgarten
- Skulpturenpark Wesenberg am Großen Weißen See

Adressen der Fahrgastschifffahrt

Während der Saison ist das Gebiet mit den Fahrgastschifffahrtslinien der „Weißen Flotte" und der „Blau-Weißen-Flotte" sehr gut erschlossen. Die Linien bieten einen guten Service (u. a. auch Speisen und Getränke) und veranstalten Ausflüge von einstündigen Kurztrips bis zu Tagesausflügen, Mondschein- und Tanzfahrten. Es besteht auch die Möglichkeit, die Schiffe für Veranstaltungen wie Hochzeit oder Geburtstagsparty zu chartern.

Blau-Weiße-Flotte, telefonisch und persönlich, in Waren (Müritz), Strandstraße 3, 17192 Waren (Müritz), Tel.: 03991 / 663034
in Malchow, Kirchenstraße 3, 17213 Malchow, Tel.: 039932 / 83256
in Mirow, Rotdornstraße, 17252 Mirow, Tel.: 039833 / 22270

Unter den aufgeführten Adressen finden Sie auch entsprechende Informationsbüros, die freundlich und kompetent Auskunft geben.

- Mirow: Mirower Schifffahrtsgesellschaft, Stadthafen Mirow, Tel.: 039833 / 22270
- Malchow: Fahrgastschifffahrt Pickran, Kirchenstraße 2 Tel.: 039932 / 81735
- Malchower Schifffahrtsgesellschaft, Kirchenstraße 3, Tel.: 039932 / 83256
- Waren: Warener Schifffahrtsgesellschaft, Strandstraße 3, Tel.: 03991 / 663034
  Weiße Flotte Müritz, Strandstraße/Steinmole, Tel.: 03991 / 122668
- Röbel: Weiße Flotte Röbel, Am Hafen, Tel.: 039931 / 51234

- Plau am See: Schifffahrt Salewski, Ziegeleiweg 4
  Tel.: 038735 / 42872
- Fa. Wichmann, Gerichtsberg 34, Plau am See, Tel.: 038735 / 44449

Die Plauer Personenschiffe fahren in der Saison verschiedene Routen.
- regelmäßige Linienfahrten auf dem Plauer See und darüber hinaus
- Rundfahrten 1–3 Stunden
- Charterfahrten
- Tagestouren nach Waren und Röbel
- Abendfahrten, Naturkundefahrten
- Seen- und Kanalfahrten, Schleusentouren, als Charterfahrten
- Gastronomie an Bord
- Fahrradtransport

Der Fahrscheinverkauf erfolgt auf den Schiffen oder kann bestellt werden über:
- Fa. Salewski, Strandstraße 16, Plau am See, Tel.: 038735 / 42872, BordTel.: 0172 / 3939016
- Fa. Wichmann, Gerichtsberg 34, Plau am See, Tel.: 038735 / 44449

DAS WASSERSPORTREVIER

Allgemeine Hinweise:

Im Gebiet Land Fleesensee und Müritz sind fast alle Wassersportarten möglich: Baden, Angeln, Kanuwandern, Surfen, Tauchen, Wasserski und Motorbootfahren. Natürlich stellt gerade die „Verkehrsdichte“ und die Größe der Gewässer höhere Anforderungen an die Seemannschaft: Umsicht, richtiges Beurteilen der Wind- und Wetterverhältnisse; auf der Müritz sollte besonders auf die Welle geachtet werden.
Der überwiegende Teil der Gewässer besitzt den Status „Bundeswasserstraße“:
- Es gilt eine Erlaubnispflicht fur Sportboote (Segelfläche über 5 m³ und Motorleistung 15 PS und einer Länge unter 15 m), sowie eine Kennzeichnungspflicht mit Registriernummer
- Zulässige Höchstgeschwindigkeit für Sportboote beträgt 9 km/h bzw. 25 km/h
- Ohne im Besitz eines Sportbootführerscheins zu sein, kann eine „Charterbescheinigung“ durch den Vercharterer ausgestellt werden. Dieser gilt nach einem Vorführtest und ist von der Dauer begrenzt.
- Wasserski ist nur an den dafür gekennzeichneten Stellen erlaubt. Wasserscooter oder Jetbike/Jetski ist grundsätzlich untersagt.

Angeln:

Ist grundsätzlich nur mit einer gültigen Angelkarte erlaubt. Eine einfache Angelkarte gilt für Ufer- und Bootsangeln.

Voraussetzung für die Angelkarte ist der Touristenfischereischein, der bis zu 28 Tagen gültig ist.

Touristenfischereischein

Personen, die das 14. Lebensjahr vollendet haben, können den Touristenfischereischein einmal im Jahr für 28 Tage beantragen (und mehrmals verlängern). Der Fischereischein kostet 24,- Euro, die Verlängerung 13,- Euro.

Ausgabestellen: Stadt Waren (Müritz), Amt für Bürgerdienste, Waren (Müritz)-Information sowie weitere Touristinformationen, Fischereibetriebe

Die zulässigen Höchstgeschwindigkeiten:

für Fahrzeuge mit Maschinenantrieb beträgt im Bereich von:

- MEW-km 0–121 Dömitz bis Plau: 6 km/h
- MEW-km 121–180 Seen von Plau bis Buchholz: 9 km/h

bei einer Gewässerbreite von mehr als 250 m: 12 km/h
hier außerhalb des ufernahen Schutzstreifens von 100 m: 25 km/h
außer:

- MEW-km 129, 7–136 Malchower See 9 km/h
- MEW-km 149,5–152 Binnenmüritz 12 km/h

Stillliegen:

Auf Strecken mit einer Wasserspiegelbreite von weniger als 40 m besteht außerhalb der gekennzeichneten Stellen ein Liegeverbot.

Segeln:

ist nur auf den Seen erlaubt:
MEW km 121–126,2 Plauer See
MEW-km 126,6–129,5 Petersdorfer See
MEW-km 130,7–139,1 Malchower See
MEW-km 139,3–147 Kölpinsee
MEW-km 149,5–180 Müritz

Tauchen:

- Tauchschule R.Baumann, Schulstr.58, 19395 Plau am See,
  Tel: 0173/6094515, office@nitrokids.de

Schleusen und Brücken:

Es ist mit Wartezeiten aufgrund der rechtlich vorgeschriebenen Pausenzeiten, im Zeitraum 12.00–13.00 Uhr, für die Schleusenbediensteten zu rechnen. Die Betriebszeitenunterbrechungen werden durch Aushänge an den Schleusen bekannt gemacht. Das zuständige Wasserstraßen- und Schifffahrtsamt kann aus verkehrlichen oder betrieblichen Gründen vorübergehend abweichende Betriebszeiten festsetzen und bekanntgeben. Eissperre beachten!:

Schleusenbetriebszeiten

- **Schleuse Plau,** Tel.: 038735 / 44364

Täglich vom:	01.04.–30.09.	9–19.30 Uhr
	01.10.–31.10.	9–17.30 Uhr
	01.11.–30.11.	9–15.30 Uhr
	01.12.–31.03.	keine Betriebszeiten (gilt auch für die beweglichen Brücken)

- **Schleuse Mirow,** Tel.: 039833 / 20259, mit Bootsschleppe

Täglich vom:	14.03.–31.03.	9–15.45 Uhr
	01.04.–31.05.	9–17.45 Uhr
	01.06.–31.08.	7–20.45 Uhr
	01.09.–31.10.	9–17.45 Uhr
	01.11.–30.11.	9–15.45 Uhr
	01.12.–13.03.	keine Betriebszeiten

- **Schleuse Wesenberg**, Tel.: 039832 / 20214, mit Bootsschleppe

Täglich vom:	01.12.–13.03.	kein Betrieb
	14.03.–31.03.	9–15.45 Uhr
	01.04.–31.05.	9–17.45 Uhr
	01.06.–31.08.	7–20.45 Uhr
	01.09.–31.10.	9–17.45 Uhr
	01.11.–30.11.	9–15.45 Uhr

Stand-Up-Paddeln auf der Müritz

Brückenhöhen:

Für Ihre Reiseplanung beachten Sie bitte die geringsten festen Durchfahrtshöhen (ohne bewegliche Brücken) auf folgenden Strecken:

MEW-km 56,2–120,05 Eldedreieck – Plau diverse Brücken 4,34 m

MEW-km 120–180 Seenstrecke: Straßenbrücke Vipperow km 172,12 4,19 m

Die **beweglichen Brücken** dürfen ggf. auch in geschlossenem Zustand durchfahren werden, wenn dies durch die Lichtsignale erlaubt ist. Beachten Sie die Brückenpegel.

Die **Drehbrücke Malchow** öffnet täglich jeweils zur vollen Stunde in der Zeit von:
April–September: 9–20 Uhr
Oktober: 9–16 Uhr
November: 9–15 Uhr
Die Drehbrücke Malchow wird von der Stadt Malchow betrieben: Telefon innerhalb der Betriebszeit: 039932/820565 (Drehbrücke Malchow) oder Stadtverwaltung Malchow: 039932 / 88-0.

Wasserrettungsdienst

DRK Wasserrettung – Wasserwacht Müritz, Weinbergstraße 19 a, **17192 Waren (Müritz)** Tel.: 03991 / 18210, Notruf 112

Wasserschutzpolizei
Gerhart-Hauptmann-Allee 6, **17192 Waren (Müritz)**,
Tel.: 03991 / 7473-0, Notruf 110
Am Kalkofen 6, **19395 Plau am See**, Tel.: 038735 / 13879-0,
Notruf 110

SONSTIGE AKTIVANGEBOTE

Ballonfahren

Müritz Ballone, Lindenweg 2, **17194 Vollrathsruhe**,
Tel.: 039933 / 70312 oder 0175 / 1797079, info@faszination-balllon.de

Draisine

Mecklenburger Draisinenbahn, Röbeler Straße 49, **17207 Bollewick**,
Tel.: 039931 / 54506 oder 0172 / 3260694

Sommerrodelbahn

Und Affenwald, Karower Chaussee 6, **17213 Malchow**,
Tel.: 039932 / 18422

Trabivermietung

Müritz Event GmbH, Bahnhofstraße, **17213 Malchow**,
Tel.: 039932 / 48828, info@shooter-events.de

Tschu-Tschu Bahn

Über Fahrgastschifffahrt Wichmann, An der Metow, **19395 Plau am See**, Tel.: 038735 / 44449

Wasserfliegen

Falk Seehotel, Hermann-Niemann-Straße 6, **19395 Plau am See**, Anfragen über Tel.: 0461 / 150550, info@flysail.de

WICHTIGSTE INTERNETADRESSEN UND LINKS

zu touristischen Auskünften über Pauschal- und Aktivurlaub sowie Unterkünften

www.ankershagen.de
www.landurlaub.m-vp.de
www.tourismus-malchow.de
www.mecklenburgische-seenplatte.de
allgemeine Informationen zum gesamten Gebiet
www.mirow.m-vp.de
www.klein-seenplatte.de
www.mueritz-digital.de
www.mueritz.de
www.mv-maritim.de
www.nationalpark-service.de
www.nationalparkticket.de
www.neustrelitz.de
www.penzlin.de
www.plau-am-see.de
www.stadt-roebel.de
www.suedmueritz.de
www.waren-tourismus.de

WEITERFÜHRENDE UND VERWENDETE LITERATUR

- Dehio, G.: Handbuch der dt. Kunstdenkmäler: Mecklenburg-Vorpommern, Berlin 2000
- Niederhöffer, Albert: Mecklenburgs Volkssagen, Bremen und Rostock 1998
- Bei der Wieden, Helge: Handbuch historischer Stätten: Mecklenburg – Pommern; Stuttgart 1996
- Grundmann, Luise (Hrsg.): Das Müritzgebiet, Weimar 1999
- Voigtländer, Ulrich: Müritzgebiet, Berlin 1994
- Bartsch, Karl: Sagen, Märchen und Gebräuche aus Mecklenburg, Hildesheim+New York 1978
- Werner/Nachtigall: Der schweigsame Fischer. Volkssagen, Berlin, 1988
- Wurlitzer, Bernd: Mecklenburg-Vorpommern, DuMont Kunstreiseführer, Köln 2000
- Erichsen, Johannes (Hrsg.): 1000 Jahre Mecklenburg (Katalog zur Landesausstellung, Güstrow 1995), Rostock 1995

- Grewolls, Grete: Wer war wer in Mecklenburg-Vorpommern?, Bremen und Rostock 1995
- Bengtsson, Frans G.; Die Abenteuer des Röde Orm, München 2001
- Tourist Reisehandbuch: Mecklenburger Seen, Leipzig 1979
- Voss, Anne: Spezialitäten aus Mecklenburg und Vorpommern, Kompass-Verlag, o. J.
- Calis, Ursula: Das kleine Fischkochbuch, Kompass-Verlag, o. J.
- Höh, Peter und Rainer: Mecklenburg-Vorpommern - Binnenland, Bielefeld 2001
- Rudolph, Andrea (Hrsg.): Hexenverfolgung in Mecklenburg, Dettelbach 1997
- Lüth, Friedrich und Jöns, Hauke: Mecklenburgs Humboldt: Friedrich Lisch, Ausstellungskatalog Schwerin 2001
- Nugent, Thomas: Reisen durch Deutschland und vorzüglich durch Mecklenburg, Schwerin 2001 (Nachdruck von 1781)
- Reuter, Fritz: Ut mine Stromtid, München und Wien 1996

EMPFEHLENSWERTE LANDKARTEN UND LITERATUR

Rad-, Wander- und Gewässerkarten, Maßstab 1:35.000, *grünes herz*®, Ilmenau

- „Plauer See“, ISBN 978-3-86636-101-0
- „Malchow - Land Fleesensee“, ISBN 978-3-86636-404-2
- „Müritz“, ISBN 978-3-86636-401-1
- „Mirow“, ISBN 978-3-86636-111-9

Unterwegs im Revier: Ob auf dem eigenen oder gemieteten Boot – (fast) alles ist möglich und macht Spaß.

Gewässerkarte, Maßstab 1:35.000, *grünes herz*®, Ilmenau
- „Müritz“, ISBN 978-3-86636-999-3
- „Mecklenburgische Kleinseenplatte“, ISBN 978-3-86636-996-2
- „Große Mecklenburgische Seen“, ISBN 978-3-86636-997-9

Wanderkarte, Maßstab 1:50.000, *grünes herz*®, Ilmenau
- „Plauer See – Müritz“, ISBN 978-3-86636-045-7

Fahrradkarten, Maßstab 1:75.000, *grünes herz*®, Ilmenau
- „Müritz-Nationalpark, Rheinsberger Land“, ISBN 978-3-86636-084-6
- „Die großen mecklenburgischen Seen“, ISBN 978-3-86636-273-4
- „Mecklenburgische Schweiz“, ISBN 978-3-86636-267-3

Freizeitkarten, Maßstab 1:100.000, *grünes herz*®, Ilmenau
- „Müritz – Mecklenburgische Großseenplatte“ ISBN 978-3-86636-053-2
- „Mecklenburgische Kleinseenplatte“ ISBN 978-3-86636-055-6

- Hafenführer für Hausboote: Müritz. Havel, Seenplatte - Die schönsten Häfen und Liegeplätze, R. Tremmel, Ch. Drühl, SD Media Servives, ISBN 946148-27-2

Erker mit Seeblick im Müritzeum, Waren (Müritz)

Wenn aus Vorfreude Erholung wird!

Land Fleesensee - so nah und doch so fern! Norddeutschlands größte Ferienanlage ist eingebettet in einer intakten Landschaft mit urigen Wäldern, ruhigen Seen, artenreicher und heimischer Flora und Fauna, die zum Durchatmen, Krafttanken und Natur entdecken einlädt.

Das Resort umfasst eine Fläche von rund 550 Fußballfeldern. Hierzu gehören namhafte Hotels, individuelle Unterkünfte, Restaurants, Wellness-Oasen, Golfplätze, eine Vielzahl an Sport- und Freizeiteinrichtungen, ebenso wie Spielplätze, Badestrände, Einkaufsmöglichkeiten und ein eigener kleiner Yachthafen. **Land Fleesensee** steht für Vielseitigkeit. Ein perfekter Mix aus Aktivitäten und Entspannungsmomenten runden Ihr naturnahes Urlaubserlebnis in der Mecklenburger Seenplatte ab.

Tourist-Information Göhren-Lebbin
Tel.: 039932 82186
info@goehren-lebbin.com

www.goehren-lebbin.com

DIE KARTEN ZUM BUCH

Rad-, Wander- und Gewässerkarten im Maßstab 1:35.000

978-3-86636-101-0

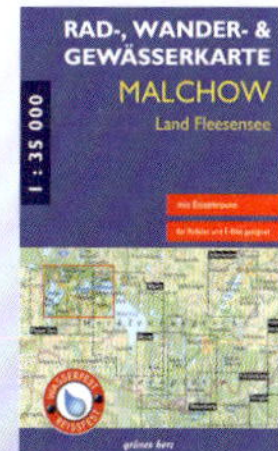

978-3-86636-404-2

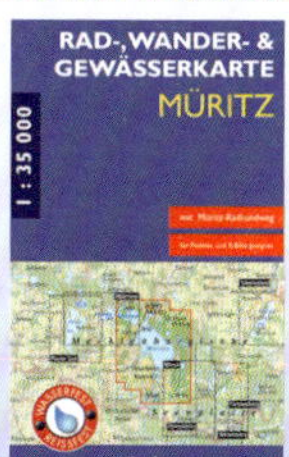

978-3-86636-401-1

978-3-86636-111-9

Gewässerkarten 1:35.000 / 1:50.000

978-3-86636-999-3

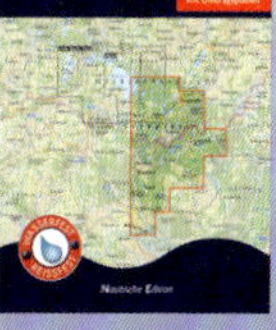

978-3-86636-996-2

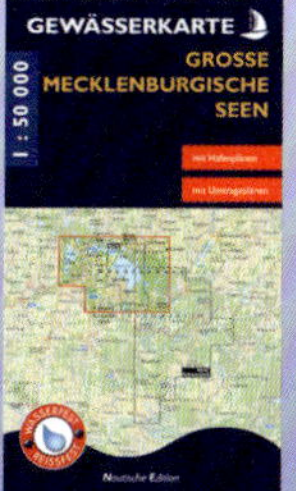

978-3-86636-997-9

Wanderkarte 1:50.000

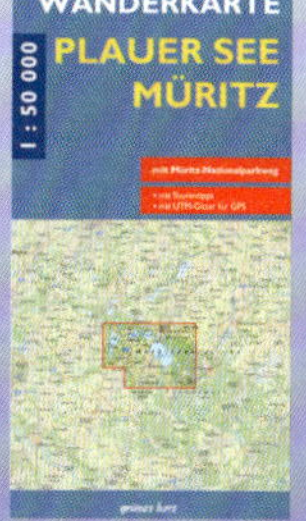

978-3-86636-045-7

Fahrradkarten 1:75.000

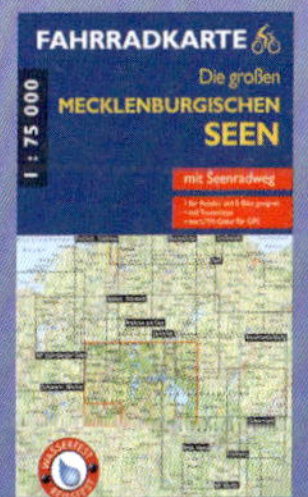

978-3-86636-273-4

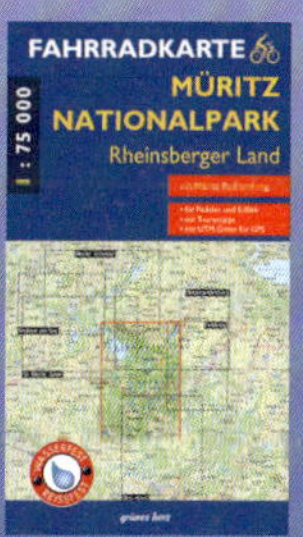

978-3-86636-084-6

Ferienkarte

978-3-935621-64-9

Freizeitkarte 1:100.000

978-3-86636-053-2

WEITERE REISEFÜHRER aus unserem Programm

978-3-86636-397-7

FISCHLAND, DARSS UND ZINGST

KULTUR- UND LANDSCHAFTSFÜHRER

978-3-86636-159-1

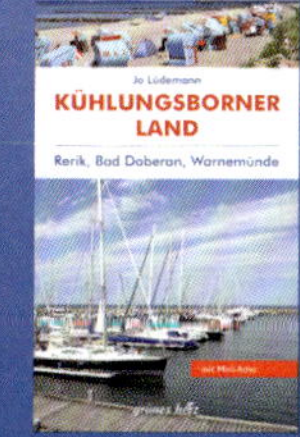

978-3-935621-147-8

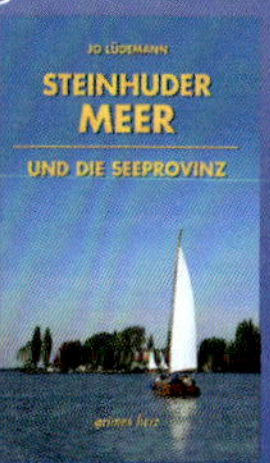

978-3-935621-42-7

Trotz gewissenhafter Bearbeitung kann eine Haftung für den Inhalt nicht übernommen werden. Für aktuelle Ergänzungen und Anregungen sind Autor und der Verlag jederzeit dankbar.
Wir bedanken uns bei allen, die uns unterstützt haben.

Impressum

Am Hang 27–28, 98693 Ilmenau
Tel.: 03677 / 46628-0, Fax: 03677 / 46628-80
www.gruenes-herz.de

Titelbild: oben: H. Helmlechner CC BY-SA 4.0 (Stadthafen Waren (Müritz), unten: Julia Nitzsche CC BY-SA 4.0 (Blick von der Marienkirche Richtung Müritz)
Fotos: Lutz Gebhardt; außer Seiten 20, 24, 34, 44, 73 und 77: Jo Lüdemann; Seiten 5, 23 und 91: Kai-Uwe Thiessenhusen; Seiten 9, 10, 38, 70 und 85: Anette Cotta; Seite 11: Hartmut Sänger; Seite 12: Archiv RhinoVerlag; Seite 15: Luca Casale CC BY-SA 4.0; Seite 17: LAKD Landesarchäologie Mecklenburg-Vorpommern; Seite 30: C. Drühl; Seite 37: Hendrik Silbermann; Seite 46: Dennis Gebhardt; Seite 56: Fa. Kaufmann; Seite 57: ArtMechanic, CC BY-SA 3.0; Seite 60: Landesforst M-V, Forstamt Nossentiner Heide, Drewitz 4, 17214 Nossentiner Hütte; Seiten 67 und 111: © Mirko Runge/Müritzeum; Seite 72 und 108: Kuhnle Tours, Achim Meurer Stuttgart; Seite 75: Stadtverwaltung Röbel/Müritz; Seite 107: Funmüritz Wassersportcenter; Seite 110: Kuhnle-Tours, Achim Meurer; Seite 112: © Schloss Fleesensee, TI Göhren-Lebbin
Redaktion: Anette Cotta
Layout, Satz: Verlag *grünes herz*®
Schrift: Book Antiqua, Linux Biolinum O
Titelgestaltung: Sibylle Senftleben
Druck: Jelgavas tipogrāfija, Lettland

4. überarbeitete Auflage 2023

ISBN 978-3-86636-394-6